JN457956

AI와 엘리트 스포츠

AI총서

인공지능 시대입니다. 기계가 인간의 인지를 대신하고, 사물이 인간을 통하지 않고 다른 사물과 직접 커뮤니케이션합니다. 이에 따른 인간 삶과 문명 변화를 정확히 이해 · 예측 · 대응하는 것은 이 시대 우리 모두의 과제입니다. AI총서는 인공지능 기술과 환경의 여러 주제를 10가지 키워드로 정리합니다. 관련 개념과 이론, 학계와 산업계의 쟁점, 우리 일상의 변화를 다룹니다. 인간과 기술의 현재, 미래를 세심히 분석합니다.

일러두기

- 인명, 작품명, 저서명, 개념어 등은 한글과 함께 괄호 안에 해당 국가의 원어를 병기했습니다.
- 외래어 표기는 현행 어문규정의 외래어표기법을 따랐습니다.

처음이세요?

전문가세요?

AI와 엘리트 스포츠

김상훈

대한민국, 서울, 커뮤니케이션북스, 2025

AI와 엘리트 스포츠

지은이 김상훈
펴낸이 박영률

초판 1쇄 펴낸날 2025년 11월 18일

커뮤니케이션북스(주)
출판 등록 2007년 8월 17일 제313-2007-000166호
02880 서울시 성북구 성북로 5-11
전화(02) 7474 001, 팩스(02) 736 5047
commbooks@commbooks.com
www.commbooks.com

ISBN 979-11-430-1424-5 03500

책값은 뒤표지에 표시되어 있습니다.

차례

인공지능 DNA를 이식한 선수

게임 체인저: AI가 스포츠를 바꾸다

AI가 스포츠계를 완전히 뒤바꿔놓고 있다. 대표적 스포츠 메가 이벤트인 올림픽을 비롯해 FIFA 월드컵, 메이저리그 등 주요 스포츠에 인공지능 기술이 본격적으로 도입되었다. 훈련 프로그램 설계, 경기 전술 수립, 스포츠 상해 예방, 선수 심리 관리, 경기 판정 보조 시스템까지 스포츠 과학의 전 영역에서 AI의 적용 범위가 확대되었다.

특히 주목할 점은 AI의 데이터 분석 능력이다. 인간이 간과하기 쉬운 미세한 패턴과 변수를 실시간으로 탐지하여 최적화된 솔루션을 도출한다. 나아가 경기 진행 과정에서 상황에 따른 전술적 제안을 즉각적으로 제공하고, 선수의 생리적 · 심리적 컨디션까지 종합 관리하는 통합 코칭 시스템으로 발전하고 있다.

실제 적용 사례를 찾아보는 것은 어렵지 않다. AI를 이용한 기술적 혁신은 과거 이론적 가능성에 머물렀던 개념이 스포츠 현장에서 실질적으로 구현되고 있음을 보여준다. 이에 따라 스포츠 분야 AI 기술의 연구와 적용이 더욱 활발해지고 있고, 앞으로 어느 영역까지 확장될지 감히 예측하기 어렵다.

AI가 만든 완벽한 선수

엘리트 선수의 훈련 방식과 기량 향상, 그리고 경기 전략 수립에 AI가 직접적인 변화를 불러오고 있다. 중국 올림픽 다이빙 대표팀은 첨단 AI 훈련 시스템을 적용하여 파리 올림픽에서 6개의 금메달과 2개의 은메달을 휩쓸며 경쟁국을 압도했다.

여기에는 AI가 다이빙 동작을 다각도로 포착하여 코치가 놓치기 쉬운 미세한 움직임까지 실시간으로 분석한 자료가 한몫했다. 불과 1.8초에 불과한 다이빙 동작을 초고속 카메라와 딥러닝 비전 알고리즘(deep learning vision algorithm)으로 해부하듯 검토하고, 이전 시도와 비교하여 즉각적인 피드백을 제공함으로써 선수는 완벽에 가까운 입수 각도를 구현해 낸 것이다. 한 선수는 "AI가 동작별 움직임을 정밀하게 분석하여 우리가 놓치고 있던 기술적 문제점을 정확히 짚어준다며 훈련 효과를 높이 평가했고, 덕분에 기술적 한계를 뛰어넘는 정밀한 동작 구사가 가능해졌다"라고 밝혔다.

AI 기반 퍼포먼스 분석은 다른 종목에서도 활발하게 적용되고 있다. 미국 프로야구 MLB(Major League Baseball)에서는 전통의 데이터 분석을 넘어 머신러닝(machine learning)으로 선수의 생체역학 데이터를 활용하기 시작했다. MLB 여러 구장에 도입된 'KinaTrax' 비전 시스템은 경기 중 투수와 타자의 3D 움직임을 추적하여 인간 눈으로는 간파하기 어려운 투구 메커니즘의 미세한 변화나 스윙 궤도의 문제점을 포착한다. 한 투수가 특정 시점부터 공을 놓는 지점이 미세하게 달라졌다면, 누적된 피로로 인한 자세 변화일 수 있는데, 이런 패턴을 조기에 경고하여 코치가 즉시 자세를 교정하거나 휴식을 부여하도록 돕는다. 또한 많은 선수가 착용하는 스마트 웨어러블(smart wearable)은 맥박, 수면, 심박변이도 등의 데이터를 AI로 분석해 개인별 최적의 훈련 · 회복 계획을 제안하고 있다. 이를 통해 훈련 강도와 휴식의 균형을 과학적으로 관리함으로써 선수는 경기 당일 최고의 컨디션을 구현해 내게 된다.

경기장의 전략 싸움에서도 AI가 혁신을 불러오고 있다. 축구, 야구 등 많은 종목에서 방대한 경기 데이터를 머신러닝으로 학습시켜 상대의 패턴을 예측하거나 최적의 전술을 추천하는 사례가 늘고 있다. 야구에서는 상대 타자의 스윙 궤적, 코스별 타율, 이전 타석 성향 등을 종합 분석해 "이 타자에게는 높은 속구보다 낮은 슬라이더를 던져라"와 같은 구체적인 투구 전략을 도출해 낸다. 실제 MLB 현장에서는 데이터 사이언티스트(data scientist)가 개발한 투구 예측 모델이 투수 코치에게 제공되어 경기 중 타자별로 유리한 볼 배합을 제언하여 삼진 확률을 높이는 데 일조하고 있다. 이뿐 아니라 상대 팀의 선수 배치와 전술 경향을 학습하여 수비 위치를 자동으로 추천하거나, 선수 조합에 따른 득점 기대값을 계산해 최적의 선발 선수 명단을 구성하는 데도 활용된다. 영국 프로축구팀에서는 축적된 데이터로 학습한 모델이 특정 선수 조합에서 득점 확률이 높아졌다는 분석을 활용하여 맞춤형 선발 명단을 구성하는 데 참고하고 있다.

중국은 스포츠에서도 AI 강국의 면모를 과시하고 있다. 중국 농구협회는 한 AI 기업과 손잡고 국가대표 선수의 움직임 데이터와 슈팅 궤적을 실시간 분석하는 전략 지원 시스템을 구축하고 경기 영상과 각종 수치를 딥러닝(deep learning)으로 처리하여 상황별 최적의 플레이에 대한 통찰력을 제공하고, 3D 모션 캡처 기술을 이용하여 선수 개개인의 자세와 슛 메커니즘을 분석해 보완해야 할 사항을 알려준다. 코치는 AI 플랫폼을 통해 전략적 의사 결정을 도움 받아, 훈련 효율과 경기력을 향상시키고 있다.

부상 예방 AI 주치의

부상 관리 분야는 AI 도입으로 가장 큰 혜택을 보고 있는 영역 중 하나다. 부상은 팀 전력과 선수 활동을 좌우하기 때문에, 최근 AI로 부상 위험을 조기에 예측하고 예방하는 시스템이 도입되고 있다. 유럽 축구 최강팀들은 훈련 부하, 부상 이력, 수면, 영양, 심리 상태 등 방대한 생체 데이터를 통합 분석하는 AI 플랫폼을 운용 중이다. 웨어러블 센서와 카메라를 통해 실시간으로 수집되는 데이터를 머신러닝 모델로 학습시켜, 선수별 피로 누적도와 부상 징후를 탐지하고 위험 신호가 감지되면 곧바로 훈련량 조절 등의 선제적인 조치를 할 수 있게 된다.

야구에서도 AI의 부상 예측 능력은 주목할 만하다. 2025년 발표된 한 연구에서는, MLB 투수의 경기 데이터를 기반으로 한 딥러닝 모델이 엘리트 투수의 팔꿈치 부상을 최대 100일 전에 예측하는 데 성공했다. 이 모델은 수천 경기의 투구 추적 데이터를 학습하여, 투구 동작의 미세한 변화나 구속 감소 추이 등으로 부상 징후 패턴을 포착하여 예측 정확도가 73%에 달했다. 이러한 과학적 근거를 토대로 투수의 피로 누적을 사전에 파악하여 투수 기용 계획을 조정하거나, 자세 교정을 통해 부상을 미리 방지하는 전략을 세우고 있다.

축구 역시, 방대한 경기 · 훈련 데이터를 학습한 AI가 근육 부상 위험이 높은 선수를 선별해내면 의료진과 코칭 스태프가 훈련 강도를 조절하고 맞춤 케어에 나서는 방식으로 활용하고 있다. 궁극적으로 '치료'에서 '예방'으로 스포츠 의학의 패러다임이 전환되는 데 AI가 핵심 역할을 한 셈이다.

공정한 경기를 위한 AI 심판과 멘탈 케어

경기 판정에도 AI가 투입되어 판정 속도와 정확도를 크게 끌어올리고 있다. 2022년 카타르 월드컵에서는 처음으로 반자동 오프사이드(off-side) 판정 기술이 도입되어 화제가 되었다. 이 시스템은 경기장 지붕 아래 설치된 12대의 전용 카메라로 선수의 골격 29개 포인트를 초당 50회 추적하고, 공 안에는 초당 500회 데이터를 전송하는 센서를 내장하여 공의 위치와 킥 타이밍을 파악했다.

이렇게 수집된 선수의 신체 좌표와 공 위치 데이터를 AI가 통합 분석하여, 공격수에게 패스가 나가는 순간 자동으로 오프사이드 여부를 감지하는 데 성공했다. 비디오 판독을 통해 일일이 영상을 돌려보며 일 분 넘게 걸리던 과정을 수초 만에 완료했고, 판정 결과도 일관되고 정확해졌다. 월드컵에서 검증된 이 기술은 2023년 여자 월드컵과 UEFA 챔피언스리그 등에도 확대 적용되어, 중계 화면에 3D 애니메이션으로 오프사이드 장면을 바로 보여주는 등 팬들에게도 투명하고 더욱 흥미로운 정보를 제공했다. 국제축구연맹(FIFA)은 "3년간의 테스트 결과 이 시스템이 현존 최고 정확도를 보였다"고 발표하며, 인공지능 판정의 신뢰성을 자신했다.

야구에도 자동으로 볼 · 스트라이크를 판정하는 시스템이 등장하여 심판 판정에 새로운 바람을 일으켰다. 미국 메이저리그는 2023년부터 마이너리그 트리플A에서 실제 경기에 AI 볼 · 스트라이크 판정을 시험적으로 운영했다. 이 시스템은 호크아이(Hawk-Eye) 컴퓨터 비전 카메라로 공이 스트라이크존을 통과하는 정확한 좌표를 계산하여, 사람이 놓칠 수 있는 초근접한 볼 · 스트라이크도 자동으로 판단한다. 현장에서는 두 가지 방식으로 활용되었는데, 전면 자동 방식에서는 AI가 판정을 즉시 내려 전광판에 표시하고, 또 다른 방식에서는 심판이 우선 판정하되 투수나 타자가 이의를 제기하면 AI 판정으로 즉각적으로 판정 번복 여부를 결정했다. 이 방식은 절반 이상에서 AI 판정이 심판 판정을 뒤집을 정도로 정확했다. AI 스트라이크존(strike zone)은 투수와 타자의 키에 맞춰 세로 범위를 자동 조정하고 오류 없이 일관되게 유지되기 때문에, 기존 인간 심판에 비해 공정성이 높다는 평가를 받는다. 향후에는 로봇 심판 시스템을 개선하여 정규 시즌에도 도입할 계획이며, 이를 통해 경기 진행의 신뢰성 제고와 더불어 팬들의 만족도 향상 효과까지 기대한다.

엘리트 스포츠에서는 선수들의 정신건강과 심리적 안정 또한 성과에 직결된다. 이 분야에서도 AI는 독특한 방식으로 기여하고 있는데, 국제올림픽위원회(IOC)는 파리 올림픽을 앞두고 선수 보호를 위한 AI 시스템을 도입했다. 올림픽 기간 중 전 세계에서 쏟아지는 SNS 게시물 중 선수나 심판을 향한 악성 댓글과 사이버 괴롭힘이 큰 문제가 될 수 있다는 점에 주목했다. 그리하여 자연어 처리 AI를 활용해 소셜 미디어 상의 욕설 · 혐오 게시물을 자동 차단하는 솔루션을 가동했다. 토마스 바흐 IOC 위원장은 “파리 대회에서는 150억 건이 넘는 소셜 미디어 상호작용이 예상되는데, 인간이 그걸 모두 검열할 수 없기 때문에 AI를 통해 선수들에게 쏟아지는 온라인 독설을 걸러내겠다”고 밝혔다. 이에 IOC는 딥러닝 기반의 'Threat Matrix' 시스템을 개발하여 올림픽에 참가한 선수 및 임원을 보호했는데, 단순 금칙어 탐지가 아닌 문맥과 뉘앙스를 이해하는 대규모 언어 모델을 탑재해 은근한 조롱이나 비아냥도 감지할 수 있었다고 했다. 예를 들어 일반적인 필터는 놓칠 수 있는 비꼬는 표현, 이모지 조합에 숨은 악담까지 파악하도록 설계되어, 실제 사람 수천 명을 투입해도 못 따라갈 수준의 실시간 모니터링을 구현해 낸 것이다. IOC는 AI만으로 온라인상의 악의를 완전히 없앨 순 없지만, 이번 시도는 선수들이 경기에 전념할 수 있는 환경을 만드는 첫 걸음이 될 것이라고 했다.

또한 올림픽 역사상 최초로 AI 챗봇 어시스턴트가 선수촌에 등장한 점도 눈길을 끌었다. 2024년 파리 올림픽에서 IOC와 인텔이 공동 개발한 'AthleteGPT' 챗봇은 1만1000여 명에 달하는 전 세계 선수단에게 24시간 개인 비서처럼 정보를 제공하는 역할을 했다. 선수들은 스마트폰에서 이 다국어 지원 AI 챗봇에게 간단히 질문을 던져 훈련장까지 가는 가장 빠른 길, 식당 메뉴와 운영 시간, 대회 규정 문의 등 온갖 궁금증을 해결할 수 있었다. 과거엔 이런 정보를 얻기 위해 일일이 사람 통역이나 안내데스크를 찾아다녀야 했지만, 이제는 친절하고 똑똑

한 AI 동료가 생긴 셈이다. 선수들은 챗봇 사용에 상당한 만족감을 드러냈고, 실제로 AthleteGPT는 대회 기간 수백만 건의 질의응답을 처리하며 선수단의 든든한 가이드가 되었다.

프롤로그: AI와 스포츠의 미래

이 책을 통해 우리는 인공지능 기술이 엘리트 스포츠를 어떻게 혁신하고 있는지 확인할 수 있다. 선수는 AI 코치와 함께 기량을 끌어올리고, 팀은 AI 전략가의 도움으로 승리를 설계하며, 의료진은 AI 주치의와 협업해 부상을 미리 막고, 심판은 AI 판정 보조로 공정한 경기를 실현한다. 나아가 팬과 선수 사이의 소통과 안전망까지 AI가 세심하게 살피고 있다.

앞으로의 올림픽과 월드컵, 프로 스포츠 리그뿐만 아니라 엘리트 스포츠 전반에서 AI와 공존하는 새로운 시대가 될 것이다. 물론 AI가 만능은 아니며 스포츠의 예측 불가능성과 인간적 감동과 스토리를 완전히 대체할 순 없다. 하지만 근거 기반의 AI 활용은 스포츠를 더욱 안전하고 흥미진진하며 수준 높은 방향으로 견인하고 있는 것은 분명하다.

첨단 기술이 불러온 변화는 독자 여러분께 'AI와 엘리트 스포츠'의 새로운 세계를 탐험하는 여정이 될 것이다. 선수들과 팀이 만들어 낼 새로운 드라마의 숨은 조력자로서 AI의 활약을 지켜보며, 우리는 스포츠 역사상 가장 흥미로운 변곡점을 목격하고 있다.

참고문헌

서울신문(2022.5.31). "[단독] 프로야구 2024년 볼·스트라이크 판정 AI가 한다".
https://www.seoul.co.kr/news/sport/baseball/2022/05/31/20220531500060

아시아경제(2024.7.28). "사상 첫 'AI 올림픽' … 올림픽 적용 AI기술 살펴보니".
https://www.asiae.co.kr/article/2024071813195541314

연합뉴스(2024.5.8). "AI가 '온라인 학대'서 선수들 보호… 파리올림픽서 최초로 시행".
https://www.yna.co.kr/view/AKR20240508108900007

Ultralytics(2025.5.17). "2024년 올림픽 AI 발전 집중 조명".
https://www.ultralytics.com/ko/blog/spotlight-on-the-2024-olympics-ai-advancements

FIFA(2022). Semi-automated offside technology to be used at FIFA World Cup 2022™.
https://inside.fifa.com/media-releases/semi-automated-offside-technology-to-be-used-at-fifa-world-cup-2022-tm

Greek Reporter(2024.8.7). Threat Matrix: The AI Fighting Cyberbullies at the Paris Olympics.

https://greekreporter.com/2024/08/07/ai-detection-abuse-paris-olympics/

Intel(2024.7.19). Intel unveils AI chatbot for Paris 2024 Olympic athletes. ITBrief.
https://itbrief.com.au/story/intel-unveils-ai-chatbot-for-paris-2024-olympic-athletes

KinaTrax: In-Game Markerless Motion Capture Technology for Baseball. https://www.kinatrax.com/

Leckey, C. et al.(2025). Machine learning approaches to injury risk prediction in sport. *British Journal of Sports Medicine, 59*(7), p.491~500.
https://bjsm.bmj.com/content/bjsports/59/7/491.full.pdf

University of Waterloo(2025.4.23). PitcherNet helps researchers throw strikes with AI analysis.
https://uwaterloo.ca/news/media/pitchernet-helps-researchers-throw-strikes-ai-analysis

01
AI 스포츠 혁신의 서막

스포츠에서 코치의 직관과 경험은 승부를 좌우하는 핵심 요소였다. 하지만, 이제 데이터가 그 자리를 함께 차지하고 있다. 경기 중 수집된 지표는 선수 컨디션과 전략을 객관적으로 나타내고, 직관은 데이터의 힘을 받아 더욱 정교해지고 있다. 이러한 흐름 속에서 AI 알고리즘이 방대한 데이터를 해석하며 스포츠 혁명을 불러오고 있다.

기후 위기와 인공지능?

직관과 데이터의 공존

스포츠 현장은 최근 데이터 기반 의사 결정의 급부상으로 근본적 변화를 겪고 있다. 과거에는 코치와 감독의 오랜 경험과 직관에 의존해 전략을 세우고 선수 기용을 결정하는 경우가 많았지만, 이제는 방대한 경기 통계와 선수 데이터가 의사 결정에 가장 중요한 근거가 되었다.

미국 프로농구(NBA) 골든스테이트 워리어스의 사례가 변화를 상징적으로 보여준다. 경기 후반부에 핵심 선수들을 대거 벤치에 앉혀 휴식을 준 결정은 당시 많은 팬에게 의외의 선택으로 여겨졌다. 하지만 웨어러블 기기로 수집된 선수의 피로도 데이터에 근거한 것으로 챔피언 결정전에서 워리어스는 상대 팀보다 체력적 우위를 점하며 승리를 거두었다. 데이터 분석으로 뒷받침된 판단은 전통적인 감에 의존한 직관적 결정을 넘어서는 새로운 승부수로 자리 잡고 있다.

변화의 출발점은 2000년대 초반 메이저리그 야구(MLB)의 '머니볼(Moneyball)' 혁신으로 거슬러 올라간다. 오클랜드 애슬레틱스 구단은 선수들의 전통적 기록뿐 아니라 세부 수치 데이터를 활용해 저평가된 선수를 발굴하고 효율적인 팀 전력을 구축했다. 한정된 예산으로 경쟁력을 높인 혁신적 접근법은 이후 다양한 종목에서 데이터 분석팀을 운영하며 경기 전략 수립과 선수 관리에 활용하는 것을 일반화시켰다.

물론 여전히 경기 현장에서는 코치의 경험과 순간적인 통찰이 중요한 역할을 하고 있지만, 데이터가 뒷받침되며 더욱 정교해지고 있다. 상대 약점을 간파하는 코치의 눈썰미도 방대한 비디오 분석과 통계 자료가 뒷받침되어 성공 확률이 높아진다. 현대 스포츠에서는 직관과 데이터가 대립하는 것이 아니라 서로를 보완하며 새로운 차원의 경쟁력을 만들어 낸다.

스포츠 문화 전반에도 큰 파장이 일었다. 선수와 구단은 자신의 퍼포먼스를 객관적으로 측정할 수 있는 지표들을 받아들이게 되었고, 팬들 역시 '스포츠는 데이터 게임'이라는 인식에 익숙해지고 있다. 글로벌 컨설팅사 IBM이 전 세계 스포츠 팬 1만 8000여 명을 대상으로 벌인 설문조사 결과, 대다수가 AI와 같은 기술 도입이 스포츠 경험에 긍정적 변화를 불러올 것이라고 답변했다. 특히 팬들은 데이터로 무장한 코치의 전략과 부상 예방을 위한 과학적 접근에 높은 기대를 보이고 있어, 경기장에서는 보이지 않는 곳에서 이루어지는 데이터 혁명에 대한 관심과 지지가 확산되고 있음을 증명한다.

웨어러블과 데이터 수집 기술의 혁명

스포츠 분야에서 웨어러블 기기와 데이터 수집 기술의 발전은 선수 경기력 분석과 관리 방식에 일대 혁신을 가져왔다. 웨어러블 기기는 몸에 착용할 수 있는 전자 장비로서, 운동 중 발생하는 다양한 정보를 실시간으로 측정한다. 과거에는 심박수 측정 벨트나 만보기처럼 단편적인 지표만 제공되었지만, 오늘날 웨어러블은 GPS(Global Positioning System) 센서, 가속도계, 자이로스코프(gyroscope), 심박 센서 등이 통합되어 위치 추적, 이동 거리, 속도, 가속도, 심박수, 칼로리 소모량 등 방대한 데이터를 동시에 수집한다.

축구 선수가 유니폼 안쪽에 부착하는 작은 GPS 장치가 대표적인 사례다. 경기나 훈련 종료 후 총 주행 거리, 최고 속력, 고강도 스프린트 횟수 등의 지표가 자동으로 기록된다. 코치진은 선수의 활동량을 객관적으로 파악하여 필요시 훈련 강도를 조절하거나 경기 중 교체 여부를 판단하는 근거로 활용한다.

웨어러블 기술의 진정한 혁신은 부상 예방과 컨디션 관리 측면에서 드러난다. 미국의 스포츠 테크 기업 캐터펄트(Catapult)는 운동량 데이터를 수집하여 피로 누적도를 파악하고 부상 위험 신호를 포착하는 시스템을 개발했다. 최근 몇 년간 미국 프로 스포츠 팀 상당수가 이 시스템을 도입해 왔으며, 현재는 국내에도 여러 엘리트 팀에서 채택하여 선수 모니터링 시스템의 표준 장비로 자리매김했다.

데이터 수집 기술은 경기장 인프라와 결합하며 더욱 진화하고 있다. 축구나 농구 등의 프로 구장에는 수십 대의 고속 카메라와 센서 네트워크가 구축되어, 선수 움직임 궤적이나 볼의 속도 · 궤도 등을 추적하는 전자 경기 추적 시스템이 운영된다. 국내 연구진도 초광대역 통신 기술을 활용한 웨어러블 장치를 개발하여, 선수 유니폼 속에 센서를 부착하면 위치, 움직임, 생체 신호, 패스 · 슈팅 성공률까지 실시간으로 기록하는 기술을 선보였다.

초정밀 데이터 수집 시스템은 과거에는 상상하기 힘들었던 수준의 정교한 경기력 데이터를 생산해 낸다. 코치는 선수 상태를 숫자로 '가시화'하여 확인하고, 선수 역시 자신의 강약점을 객관적으로 이해하는 데이터 피드백 환경이 조성되고 있다. 일반인의 생활 스포츠 영역에서도 스마트 워치, 피트니스 추적 시스템을 통해 하루 걸음 수부터 심박 리듬, 수면의 질까지 데이터화하는 시대가 열렸다. 웨어러블 혁신과 데이터 수집 기술의 발달은 기존에 보이지 않던 부분까지 관리하고 개선할 수 있게 만들고 있다.

AI 알고리즘의 개요와 적용 방식

인공지능 알고리즘은 수집된 막대한 스포츠 데이터를 분석하여 유용한 통찰력을 도출하는 핵심 도구로 부상했다. AI 알고리즘은 사람의 학습과 판단을 모방한 일련의 계산 방법을 뜻하는데, 그중에서도 머신러닝과 딥러닝 기법이 스포츠 분야에 널리 응용되고 있다. 머신러닝은 과거 데이터로부터 패턴을 학습하여 미래를 예측하거나 분류 작업을 수행하며, 딥러닝은 인간의 뇌 신경망을 모방한 복잡한 구조로 이미지나 동영상 같은 비정형 데이터까지도 이해할 수 있는 진보된 기술이다.

스포츠에서 AI의 적용 방식은 매우 다양하다. 그중 주목받은 영역은 경기 결과 예측이다. 승부 예측은 팀 전력, 선수 컨디션, 상대 전적, 경기 환경 등 수많은 변수를 고려해야 하는 복잡한 문제로, AI는 방대한 경기 기록 데이터를 학습함으로써 보다 정교한 예측을 가능케 한다. 축구 승률을 예측하기 위해 머신러닝 모델에 지난 수년간의 경기 데이터를 학습시키면, 과거 유사한 상황에서의 결과를 토대로 현재 경기의 결과를 확률적으로 산출해 낼 수 있다. 여기에는 로지스틱 회귀, 의사 결정 나무,

인공신경망 등 다양한 기법이 활용되며, 인간보다 훨씬 많은 양의 데이터를 빠르게 검토하여 객관적인 승률 변화를 계산해 낸다.

선수 평가와 스카우팅 분야에서도 AI는 혁신을 일으키고 있다. 미국 프로농구(NBA) 필라델피아 76ers 구단은 신인 드래프트와 선수 영입 과정에서 데이터 분석과 인공지능 모델을 참고 자료로 활용하고 있다.

경기 전략 수립과 전술 분석에서의 AI 활용도 주목할 만하다. 복잡한 전략 스포츠에서 AI는 방대한 영상 데이터를 처리하여 상대 팀의 전술 패턴을 식별하거나, 최적의 플레이 방식을 제안하는 역할을 한다. 구글 딥마인드(DeepMind) 팀이 잉글랜드 프로축구 리버풀 FC와 공동 개발한 축구 전술 코칭 AI 프로그램이 대표적이다. 프로그램은 수년에 걸쳐 경기 동영상 속 선수와 공의 움직임 데이터를 딥러닝으로 학습하여 코너킥, 프리킥 같은 맞춤 전술 상황에서 가장 효율적인 전술을 제안해 주는 기능을 선보였다. AI 모델은 특정 상황에서 어떤 선수가 공을 잡을 확률이 높은지, 골문을 향해 슈팅을 시도할 타이밍은 언제인지 등을 수학적으로 계산해 승산 높은 플레이를 추천한다.

흥미로운 점은, AI가 제안한 전술을 축구 전문가들에

게 블라인드 테스트로 평가받았을 때 인간 코치진보다 선호되었다는 결과가 나온 것이다. AI가 도출한 전략이 실제 현장에서도 충분히 현실적이고 유용하다는 증거다. 동시에 AI가 산출한 방안들이 완전히 새로운 '기발한 묘수'라기보다는 기존 인간 코치들이 고안해 온 전략과 유사했다는 평가도 나왔는데, 궁극적으로는 AI와 인간 코치의 협업 가능성이 반드시 필요하다는 것을 시사한다. 즉 AI는 방대한 경우의 수를 계산해 인간이 놓칠 수 있는 선택지를 제시하고, 최종 판단은 코치가 내리는 보완적 역할로 활용될 수 있다.

AI 알고리즘은 실시간 경기 분석과 중계 기술에도 활용되고 있다. 컴퓨터 비전(Computer Vision) 기술로 선수와 공을 자동 인식하여 실시간으로 자동 해설 자막을 생성하거나 하이라이트 영상을 몇 분 만에 편집한다. 심판 판정에서는 고속 카메라 영상을 분석해 아웃 · 세이프 여부나 볼 · 스트라이크 여부를 자동 판정하는 시범도 진행되고 있다. 스포츠 의학에서는 선수의 부상 예측에 머신러닝이 활용되어, 이전 부상 이력과 현재 운동 패턴 데이터를 학습시켜 부상 위험이 커지는 순간을 미리 경고해 주는 시스템이 개발되고 있다.

글로벌 스포츠 AI 시장의 성장

스포츠에 AI를 활용하려는 움직임이 활발해지면서, 관련 산업 시장도 폭발적으로 성장하고 있다. 글로벌 시장 조사 기관 얼라이드 마켓 리서치(Allied Market Research)에 따르면 세계 스포츠 AI 시장 규모는 2022년 약 22억 달러(약 3조 원) 수준에서 2032년까지 연평균 29.7%의 높은 성장률을 보이며 297억 달러(약 39조 원) 규모로 커질 전망이다. 불과 10년 사이에 10배 이상 성장하는 셈으로, 스포츠 분야에서 AI 기술에 대한 수요와 투자가 급증하고 있음을 보여준다.

성장세의 배경에는 프로 구단들의 경쟁적인 기술 도입뿐 아니라, 건강에 관심이 많은 일반인의 스포츠 기술 소비 증가도 한몫하고 있다. 개인용 체력 단련 앱, 스마트 트레이닝 기기 등 생활 체육 분야에서도 AI 기능이 속속 탑재되면서 시장 규모를 키우고 있다.

스포츠 AI 시장 내에서도 특정 영역이 빠르게 성장하고 있는데 팬들을 위한 초개인화(personalization) 콘텐츠와 가상 경기 체험 분야는 AI 기술 덕분에 완전히 새로운 비즈니스 기회로 부상했다. 관중이 직접 경기장에 오지 않아도 AI가 각 팬의 선호를 분석해 맞춤 하이라이트 영상이나 가상 해설을 제공하는 서비스들이 등장하고 있다. AI가 경기 데이터를 실시간으로 학습하여 팬 개인에게 최적화된 정보를 전달할 수 있게 되자, 스포츠 미디어 업계는 앞다투어 기술에 투자하고 있다.

프로 스포츠 구단들은 선수 관리와 경기력 분석에 투입하는 AI 예산을 지속적으로 확대하고 있다. 구단 단위의 AI 분석팀 운영, 외부 전문 업체와의 제휴 등을 통해 데이터 과학자를 고용하는 것이 추세가 되었다. 미국 프로 스포츠 리그뿐 아니라 유럽 축구, 일본, 한국의 프로 팀들도 비슷한 흐름을 보인다. IOC나 FIFA 같은 국제 스포츠 기구에서도 AI 기술 개발 프로젝트를 지원하거나 지침을 제정하는 중이다. 스포츠 AI 기술이 단지 개별 팀이나 기업 차원의 이슈를 넘어, 글로벌 스포츠 산업의 핵심 축으로 간주하고 있음을 의미한다.

일반 대중도 AI, 빅데이터와 같은 기술이 스포츠의 훈련, 경기 전략, 코칭, 부상 관리 등 여러 측면에 긍정적 효과를 가져올 것이라고 기대하고 있다. AI 기술에 대한 거부감이 줄어들고 오히려 스포츠를 개선하는 조력자로 인식하고 있다는 뜻이다. 스포츠 분야가 기술 혁신을 적극적으로 수용하는 만큼, 스포츠 AI 시장의 성장 동력은 앞으로도 이어질 것으로 전망된다.

현장에서 목격하는 AI 스포츠의 현실

AI와 데이터 기술은 프로 스포츠 현장과 생활 체육 현장 모두에서 실질적인 변화를 만들어 내고 있다. 유럽 축구 클럽들은 최근 데이터 분석팀을 강화하여 선수 영입과 전략 수립에 AI를 적극 도입하고 있다. 잉글랜드 프리미어리그의 리버풀 FC는 딥마인드와 협력한 코너킥 전술 최적화 외에도, 독일 분데스리가나 미국 메이저리그 사커(MLS)에서는 선수 부상 위험을 사전에 감지하는 AI 시스템을 활용하는 팀들이 등장했다.

국내 사례로는 KBO 퓨처스(2군) 리그에서 자동 볼-스트라이크 판정 시스템을 시험 운영한 바 있으며, 배구에서는 AI 영상 판독 시스템 개발 프로젝트가 진행되어 심판의 판정 정확도를 높이는 데 일조하고 있다. 프로 스포츠에서는 승리와 효율을 위해 앞다투어 AI를 활용하고 있고, 시도가 거듭되며 스포츠계의 패러다임이 변화하고 있다.

국내 스포츠 AI 기술의 발전상을 보여주는 상징적 사례로는 SK텔레콤이 선보인 'AI 최경주' 시스템을 들 수 있다. SK텔레콤은 한국 남자 골프의 전설적인 선수 최경주 프로의 모습을 본뜬 AI 코치를 개발하여, 아마추어 골퍼의 스윙 분석을 실시간 제공하는 서비스를 시연했다.

AI 최경주 코치 앞에서 골프 스윙을 하면 센서와 카메라가 동작을 포착해 곧바로 스윙 자세의 문제점을 피드백해 주는데, 많은 골프 팬에게 놀라움을 주었다.

AI와 스포츠의 만남은 막 시작된 혁신의 서막에 불과하다. 프로 스포츠에서는 경쟁력 확보를 위해, AI 기술이 점차 확산하고 있다. 기술이 스포츠 팬 경험을 풍부하게 만들고, 일반 아마추어 선수의 자기 계발 도구로 활용되는 사례가 늘고 있다.

앞으로 펼쳐질 AI 스포츠의 새로운 세계에서는 데이터와 직관이 조화를 이루며, 선수와 팬 모두에게 더욱 안전하고 흥미진진한 스포츠 환경을 제공할 것이다. 혁신의 여정은 시작에 불과하며, 향후 AI가 스포츠계에 가져올 더 큰 변화를 기대해 볼 수 있다. 데이터 기반의 과학적 접근과 인간의 창의적 직감이 만나는 지점에서, 스포츠는 새로운 차원의 가능성을 열어가고 있다.

참고문헌

서울신문(2022.5.31). "[단독] 프로야구 2024년 볼·스트라이크 판정 AI가 한다".
https://www.seoul.co.kr/news/sport/baseball/2022/05/31/20220531500060

아시아경제(2024.7.28). "사상 첫 'AI 올림픽' … 올림픽 적용 AI기술

살펴보니".
https://www.asiae.co.kr/article/2024071813195541314
연합뉴스(2024.5.8). "AI가 '온라인 학대'서 선수들 보호…
파리올림픽서 최초로 시행".
https://www.yna.co.kr/view/AKR20240508108900007
한국경제(2024.5.12). ""최경주가 AI로" … SK텔레콤 '에이닷 골프'
서비스 선봬".
https://www.hankyung.com/article/202405134595g
Allied Market Research(2024). AI in Sports Market Size, Share, Industry Forecast - 2032.
https://www.alliedmarketresearch.com/artificial-intelligence-in-sports-market-A12905
Catapult(2024.12.12). Football Injury Prevention: Keeping Players Safe.
https://www.catapult.com/blog/football-injury-prevention
Eutaw Street Report(2023). The Impact of Moneyball in MLB.
https://eutawstreetreport.com/the-impact-of-moneyball-in-mlb/
FIFA(2022). Semi-automated offside technology to be used at FIFA World Cup 2022™.
https://inside.fifa.com/media-releases/semi-automated-offside-technology-to-be-used-at-fifa-world-cup-2022-tm
IBM(2025.8.18). IBM Study: Sports Fans Demand More Dynamic Digital Content, Powered by AI. IBM Newsroom.
https://newsroom.ibm.com/2025-08-18-ibm-study-sports-fans-demand-more-dynamic-digital-content,-powered-by-ai

Intel(2024.7.19). Intel unveils AI chatbot for Paris 2024 Olympic athletes. ITBrief.
https://itbrief.com.au/story/intel-unveils-ai-chatbot-for-paris-2024-olympic-athletes

KinaTrax: In-Game Markerless Motion Capture Technology for Baseball. https://www.kinatrax.com/

Leckey, C. et al.(2025). Machine learning approaches to injury risk prediction in sport. *British Journal of Sports Medicine, 59*(7), p.491~500.
https://bjsm.bmj.com/content/bjsports/59/7/491.full.pdf

University of Waterloo(2025.4.23). PitcherNet helps researchers throw strikes with AI analysis.
https://uwaterloo.ca/news/media/pitchernet-helps-researchers-throw-strikes-ai-analysis

Wired(2024.3.18). Google DeepMind's New AI Model Can Help Soccer Teams Take Perfect Corners.
https://www.wired.com/story/deepmind-is-helping-soccer-teams-take-the-perfect-corner/

02
AI가 만드는 새로운 훈련법

선수가 착용한 웨어러블 장치가 아침 기상과 함께 오늘의 적정 훈련량을 제시한다. 심박 변이도와 수면 데이터를 분석한 인공지능이 계산해 낸 결과다. AI는 생체 데이터를 종합하여 선수마다 다른 맞춤형 훈련을 설계하고 경기 일정까지 고려해 최적 준비를 돕는다. 개인 맞춤형 과학 훈련 패러다임이 현실이 되고 있다.

노래하는 AI 보컬?

새로운 훈련 방식

운동선수나 스포츠 애호가들이 최고의 성과를 내기 위해서는 자신의 몸 상태와 능력에 알맞은 맞춤형 훈련이 중요하다. 과거에는 코치가 선수 개개인의 특성을 고려해 훈련 강도와 일정을 조절해 주는 역할을 했다면, 이제는 AI 기술이 그 역할을 보조하며 한층 정밀한 개인화를 가능케 하고 있다. AI 기반 개인 맞춤 훈련이란, 인공지능이 각 개인의 신체 데이터와 경기·훈련 기록을 학습하여 가장 효과적인 훈련 계획을 제안하거나 실시간으로 피드백을 제공하는 시스템을 말한다.

실행은 데이터 수집과 통합으로부터 시작된다. 개인 맞춤 훈련을 위해 AI는 선수의 생체 데이터, 퍼포먼스 지표, 생활 습관 등 다양한 정보를 종합적으로 수집한다. 축구 선수의 경기 중 달린 거리, 최고 속도 같은 운동량 데이터, 심박수나 젖산 역치 같은 생체 신호, 최근 경기 성적과 부상 이력 등이 수집 대상이다. 여기에 선수의 체격, 체력 측정 결과, 심지어 심리 상담 결과까지 포함되기도 한다. 수집된 데이터는 AI 시스템이 빅데이터 기술로 통합 관리하면서, 각 선수의 디지털 프로파일이 형성된다.

다음 단계는 AI의 분석과 학습이다. 머신러닝 알고리

즘은 앞서 구축된 선수 프로파일 데이터를 기반으로, 어떤 훈련 방식을 도입했을 때 성과가 향상되었는지 혹은 부상 위험이 낮아졌는지 등을 학습한다. 이전 시즌에 체력 훈련 프로그램을 소화한 후 선수의 지구력이 얼마나 향상되었는지, 기술 훈련 프로그램을 적용한 후 슈팅 정확도가 개선되었는지 등을 과거 데이터로 파악한다. 특히 딥러닝 기반의 예측 모델은 복잡한 관계도 포착할 수 있어 인간이 알아채기 힘든 패턴까지 고려한 최적의 훈련 조합을 찾아낼 수 있다.

AI가 스스로 학습하며 최적의 훈련 스케줄을 찾는 기법도 활용된다. 마치 게임을 하듯 수많은 가상훈련 시나리오를 시험해 보고, 가장 성과가 좋은 방향으로 전략을 발전시킨다. 스포츠 훈련에 적용하면, AI가 다양한 훈련 강도와 빈도를 시뮬레이션으로 실험해 본 뒤 어떤 일정이 최선일지를 찾는 용도로 활용할 수 있다. 가령 8주 후 열릴 마라톤 대회를 대비하는 주자가 있다고 하면, AI는 주자의 현재 체력 수준을 입력값으로 받아들여, 매주 얼마나 달리고 언제 휴식해야 8주 후 최고 기록을 낼 확률이 높아지는지를 스스로 터득하는 것이다.

AI 기반 맞춤 훈련의 핵심은 개인별로 최적화된 훈련 강도와 내용을 찾아낸다는 점이다. 모든 선수에게 똑같

이 적용되는 천편일률적인 훈련이 아니라, 누구에게는 체력 강화가 더 필요하고 누구에게는 기술 훈련이 더 필요한지를 데이터로 파악하는 것이다. AI 분석 결과 이미 충분한 민첩성을 지녔으니 추가적인 민첩성 훈련보다는 기술 향상에 더 집중해야 한다는 결론이 나올 수 있다.

국내에서도 맞춤형 훈련 AI 솔루션 개발이 활발하다. 국민대학교와 KIST(한국과학기술연구원) 컨소시엄은 정부 지원을 받아 "선수 훈련 · 경기 데이터 관리 및 AI 기반 경기력 향상 솔루션"을 연구 개발했다. 개발된 소프트웨어는 여러 종목에서 선수와 코치가 훈련 및 경기 데이터를 체계적으로 관리 · 분석하고, 선수별 맞춤 훈련 프로그램을 만들 수 있는 기능을 구현하여 경기력을 지원하고 스포츠 현장의 코칭 패러다임을 데이터 중심으로 바꾸는 계기가 되고 있다.

몸을 읽는 AI

생체 데이터는 심장 박동, 근육 활동, 호흡, 수면 등 신체 상태를 나타내는 데이터를 말한다. 현대 스포츠에서 생체 데이터는 선수의 컨디션과 경기력을 가늠하는 핵심 지표로 활용되고 있으며, AI는 데이터를 정밀 분석하여 훈련과 회복을 최적화하는 데 도움을 주고 있다.

심박수와 함께 스트레스와 회복 상태를 파악하고 운동 강도 조절에 활용되는 지표인 심박 변이도(HRV)는 매우 중요한 정보를 담고 있는데 한 선수가 고강도 인터벌 훈련을 소화한 뒤 밤사이 심박 변이도가 현저히 낮아졌다면, 아직 피로가 회복되지 않았을 수 있다. AI는 HRV를 연속적으로 모니터링하여, 선수에게 언제 휴식이 필요한지 또는 어느 정도 강도로 훈련을 지속해도 되는지를 권고한다. 실제로 많은 팀에서 웨어러블 심박 센서를 선수들에게 착용시켜, 훈련 설정에 참고하고 있다. 뉴질랜드 한 럭비팀이 착용하는 웨어러블은 수면 중 HRV 데이터를 분석하여 "A선수는 오늘 피로도가 높으니 회복 위주 훈련, B선수는 컨디션이 양호하니 고강도 훈련 가능" 등의 지침을 제공한다. 그 결과 과훈련을 피하고, 컨디션이 좋은 날 최대한 훈련 효율을 끌어올릴 수 있게 되었다.

근육 피로도와 부상 위험 분석도 AI가 돕는 중요한 부분이다. 근육 피로도는 주관적으로 느끼기 어려울 때가 많지만, 몇 가지 데이터로 간접 추정할 수 있다. 운동 중 근육의 전기적 활동을 분석하는 근전도(EMG) 센서로 근육 내 미세한 전기 신호 변화를 통해 피로도를 감지할 수 있다. AI는 시간이 지남에 따라 축적된 데이터를 학습하여 선수 개인의 피로 축적 모델을 만든다.

미국 프로 미식축구(NFL)의 일부 팀은 수년 치 훈련 데이터와 부상 기록을 AI로 분석한 끝에, 선수별 부상 위험 지표를 만들었다. 지표가 일정 수준을 넘어서면 미리 경고등이 켜지고, 트레이너는 해당 선수의 근력 강화나 스트레칭 프로그램을 늘린다든지, 경기 출전 시간을 조절하는 식으로 선제 대응한다. 실제로 AI 예측에 기반하여 선수 관리 정책을 바꾼 팀들은 부상 발생률을 눈에 띄게 낮춘 사례도 보고되고 있다.

수면 패턴과 회복도 분석 역시 중요한 절차로, AI가 적극 활용되는 분야다. 수면은 운동으로 인한 체력 소모를 회복하는 핵심 시간으로, 수면의 질이 낮으면 다음 날 경기력에 직접 영향을 미친다. 최근 많은 선수가 수면 분석기를 사용하여 자신의 수면 상태를 점검하고 있다. AI는 수면 데이터(총수면 시간, 깊은 수면 비율, 뒤척임 횟수 등)를 분석해 회복 점수를 제공하고 오늘 훈련 강도를 어떻게 조절할지 권고한다.

AI 코칭 시스템의 적용

AI 코칭 시스템은 말 그대로 인공지능이 코치의 일부 임무를 수행하거나 보조하는 시스템으로, 다양한 형태로 스포츠 현장에 등장하고 있다. AI 코치는 경기 상황 분석부터 기술 동작 교정까지 폭넓게 관여할 수 있으며, 프로팀 수준에서 활용되는 고도화된 시스템도 있고 일반 소비자 대상의 앱 형태도 존재한다.

프로팀의 AI 코칭 활용으로 구글 딥마인드-리버풀 FC의 사례가 있다. 구글 딥마인드는 잉글랜드 프리미어리그 리버풀 FC와 협력하여 TacticAI라는 전술 분석 연구 프로젝트를 수행하였다. 이 연구는 약 7000여 건의 프리미어리그 코너킥 데이터를 그래픽 신경망 모델에 학습시켜, 특정 상황에서 효과적인 전술 옵션을 제안할 수 있음을 보여줬다. 앞으로 AI는 엘리트 스포츠팀의 비밀 병기로 활용될 것이다.

미국 프로야구(MLB)의 몇몇 구단은 투수의 투구 폼을 컴퓨터 비전 AI로 분석해 주는 시스템을 훈련에 활용한다. 투수가 공을 던지는 자세를 초고속 카메라로 촬영하면 AI가 투구 동작을 3D로 재구성하여, 릴리스 포인트나 팔 각도 등을 정확히 계산해 주는 것이다. 투수의 공 놓는 지점이 조금씩 달라지는 미세한 변화를 조기에 발견하여, 투구 폼 교정 코치에게 정보를 전달한다. 코치는 감에 의존하기보다 데이터에 근거해 투수 폼을 교정할 수 있고, 투수의 제구력 향상과 부상 예방에 도움이 되었다고 보고되었다.

국내에서도 대한축구협회가 AI 영상 분석 시스템을 유소년 팀에 도입하여, 어린 선수들의 경기 영상을 분석하고 개인별 플레이 특성 리포트를 생성해 코치에게 제공했다. AI는 코치를 보조하여 많은 선수를 하나하나 살펴보는 유용한 도구로 활용되고 있다. 농구, 배구 등 다른 단체 종목에서도 카메라가 자동으로 경기를 녹화하고 주요 장면을 골라주며, 팀 · 선수별 통계를 자동 산출해 주는 시스템이 학교나 클럽 단위에서 활용되고 있다.

일반인들에게 친숙한 AI 코치 사례로는 골프존의 AI 스윙 코치 서비스를 들 수 있다. 골프존은 생성형 AI 기술을 접목한 '나만의 AI 골프 코치' 서비스를 선보였는데, 사용자가 원하는 스타일의 가상 코치를 선택하면 AI가 스윙 영상을 분석하고 교정 팁까지 음성 서비스를 통해 실시간으로 제공한다. AI 코치를 체험해 본 골퍼는 "정말 사람이 말해 주는 것처럼 자세 교정을 받을 수 있었다"는 호평을 했다.

경기력 향상에 대한 데이터 기반 성과 분석

경기력 향상은 모든 선수와 코치의 궁극적인 목표이며 훈련 효과를 정확히 분석하고 평가하는 과정이 선행되어야 한다. 데이터 기반 성과 분석의 첫걸음은 명확한 지표 설정이다. 종목별로 경기력을 대표하는 지표들이 존재하지만 생리, 심리, 환경 등 다양한 지표가 함께 고려되어야 한다. AI를 활용하면 이 지표들을 종합적인 모델로 결합하여 선수를 평가할 수 있다.

또한 유망한 어린 선수를 발굴하고 체계적으로 육성하는 것은 스포츠의 미래를 좌우하는 핵심 과제다. AI는 선수의 장기적 발달 추적에서 그 진가를 발휘하며, 수년에 걸친 향상과 정체 구간의 복잡한 패턴을 시간 흐름에 따라 분석 가능하게 한다. 선수 개인의 고유한 발달 곡선을 파악하여 개인 맞춤형 훈련 계획을 수립할 수도 있다.

데이터는 현대 스포츠의 나침반이 되었고, AI는 항해사에게 최적의 경로를 제공한다. 감각과 경험에 의존했던 과거를 넘어, 과학적 근거와 정밀한 예측이 만들어가는 스포츠의 새로운 시대가 열리고 있다.

객관적인 데이터 분석을 통해 지도자와 선수는 정확한 현실을 파악하고, 직감과 데이터가 조화를 이루며 선수들의 경기력은 과학이라는 날개를 달고 더 높이 날아오르고 있다.

참고문헌

KDI(2015). “인공지능을 활용한 스포츠 훈련 시스템 상용화”. https://eiec.kdi.re.kr/policy/materialView.do?num=143921

221e(n.d.). Why Coaches & Athletes Are Leaning on IMU Tech for Performance Monitoring. https://www.221e.com/blog/wearable/why-coaches-athletes-are-leaning-on-imu-tech-for-performance-monitoring

Arzehgar, A. et al.(2025). Sensor-based technologies for motion analysis in sports injuries: a scoping review. *BMC Sports Science, Medicine and Rehabilitation, 17*, https://bmcsportsscimedrehabil.biomedcentral.com/articles/10.1186/s13102-025-01063-z

EPFL(2022). Artificial intelligence deployed to enhance sports performance. EPFL News. https://actu.epfl.ch/news/artificial-intelligence-deployed-to-enhance-sports/

Giordano, K. A. et al.(2024). Normative In-Game Data for Collegiate Baseball Pitchers Using Markerless Tracking Technology. *Orthopaedic journal of sports medicine, 12*(10), https://pmc.ncbi.nlm.nih.gov/articles/PMC11544755/

Liang, Z. & Isakunovich, B. J.(2023). Baseball Action Classification Based on OpenPose. *Academic Journal of Science and Technology, 8*(2), pp.62~64. https://doi.org/10.54097/ajst.v8i2.14947

Reddy, C.(2024). Using pose estimation to identify goalkeeper. UT Tyler Scholar Works, https://scholarworks.uttyler.edu/cgi/viewcontent.cgi?articl

e=1033&context=hkdept_grad

Ryan, S.(2023). Opportunities of Artificial Intelligence in Synchronized Figure Skating. Medium. https://medium.com/@sophieyryan/opportunities-of-artificial-intelligence-in-synchronized-figure-skating-f6b3b54f0b3c

Schoenwether, B. et al.(2025). Reliability of artificial intelligence-driven markerless motion capture in gait analyses of healthy adults. *PLOS One, 20*(1), https://journals.plos.org/plosone/article?id=10.1371/journal.pone.0316119

The Scotsman(2024). World Figure Skating Championships: Figure skating could use Artificial Intelligence to judge technical performance, sporting body says. https://www.scotsman.com/news/world/world-figure-skating-championships-figure-skating-could-use-artificial-intelligence-to-judge-technical-performance-sporting-body-says-4566009

Viso.ai(n.d.). Popular applications of computer vision in sports. https://viso.ai/applications/computer-vision-in-sports/

Wang, Z. et al.(2024). TacticAI: An AI assistant for football tactics. *Nature Communications, 15*, https://www.nature.com/articles/s41467-024-45965-x

03
동작 인식과 기술 분석

AI 기반 동작 인식과 기술 분석은 경기력 향상과 코칭의 혁신을 이끌고 있다. 딥러닝 영상 인식 기술과 컴퓨터 비전, 자세 추정, 관성 측정 장치인 IMU 센서 등을 활용하여 선수의 움직임을 정밀하게 포착하고 분석할 수 있다. 이러한 기술은 골프, 야구, 축구, 육상, 피겨스케이팅 등 여러 종목에서 이미 실전에 적용되고 있으며, 인간 코치와 AI 분석 시스템의 협업을 통해 새로운 솔루션을 제시하고 있다.

인공지능과 편향?

영상에서 찾는 완벽한 동작의 비밀

스포츠 동작 분석에서 가장 혁신적인 변화는 영상만으로도 선수의 움직임을 정밀하게 분석할 수 있게 된 것이다. 과거에는 선수 몸에 특수 마커(marker)를 부착하고 고가의 모션 캡처 장비를 써야 했지만, 이제는 일반 카메라로 촬영한 영상으로도 가능해졌다.

핵심 기술은 컴퓨터가 영상 속 인간의 관절 위치를 찾아내는 '자세 추정'이다. AI 모델이 비디오를 보면서 실시간으로 인간의 어깨, 팔꿈치, 무릎 등의 관절 위치를 정확히 파악하고 동작을 추적하는데, 90% 이상의 정확도를 나타냈다. 선수의 퍼포먼스 향상과 부상 예방을 위한 영상 분석 연구는 상당히 오래전부터 진행되었지만, 과거에는 별도의 고가 카메라와 전문 분석 장치가 필요했다. 막대한 비용이 드는 장비 없이는 불가능했던 작업이 지금은 일반 카메라로도 손쉽게 가능해졌고 스포츠 동작 분석에 엄청난 가능성을 열어주고 있다.

AI로 오늘날 스포츠 영상 분석은 완전히 새로운 차원에 도달했다. 단순히 영상을 보는 것을 넘어 AI가 자동으로 선수의 움직임을 분석하고 평가한다. 한 컴퓨팅 기업이 개발한 지능형 코칭 시스템은 미식축구에서 선수 움직임을 실시간으로 감시하면서 즉석에서 피드백을 제공한다. 이제 코치는 선수 개인의 움직임 궤적, 속도, 가속도를 정확한 수치로 확인할 수 있고, 상대 팀의 움직임 특성까지 분석해서 전략을 세울 수 있다.

더 흥미로운 것은 사람뿐만 아니라 공이나 라켓 같은 도구까지 동시에 추적하는 기술이다. 테니스 경기에서는 컴퓨터가 공과 라켓, 코트 라인을 모두 인식해서 자동으로 득점 여부나 공의 궤도를 판단한다. 이런 기술은 축구의 VAR나 테니스의 호크아이 같은 판정 보조 시스템에도 쓰이지만, 더 나아가 선수의 기술 동작을 세밀하게 분석하는 데도 활용된다. 스윙 궤적이나 공을 치는 순간의 위치까지 정확히 잡아내는 것이다.

결국 영상 분석 기술은 스포츠를 보는 방식 자체를 바꿔놓고 있다. 맨눈으로는 놓치기 쉬운 미세한 움직임까지 포착해서 선수와 코치에게 구체적인 개선 방향을 제시한다. 과거에는 감각에 의존했던 동작 교정이 이제는 정확한 데이터를 바탕으로 이뤄지고 있다.

IMU 센서와 모션 캡처 융합

컴퓨터 비전 기술 외에도 스포츠 동작 분석에는 또 다른 강력한 도구가 있다. 바로 관성 측정 장치(Inertial Measurement Unit, IMU)라고 불리는 소형 센서다. IMU

센서는 가속도계와 자이로스코프를 내장해 움직임의 가속도, 회전 속도, 방향 정보를 실시간으로 측정할 수 있다. 선수의 몸이나 운동 장비에 부착해서 사용하는데, 실험실이 아닌 실제 경기장에서도 선수의 3차원 동작 데이터를 얻을 수 있다는 것이 가장 큰 장점이다.

활용 사례를 보면 그 효과가 확실히 드러난다. 야구 배트나 골프 클럽에 IMU 센서를 부착하면 스윙 속도와 궤적, 공을 치는 순간의 각도까지 정확히 측정된다. 러너의 신발에 센서를 달면 보폭과 지면을 차는 힘의 패턴을 실시간으로 감시할 수 있다. 이렇게 수집된 데이터는 즉석에서 코치에게 전달되어 선수의 자세 교정이나 피로도 파악에 활용된다.

최근에는 여러 센서의 데이터를 융합하는 기술이 주목받고 있다. 카메라로 찍은 영상 데이터와 IMU 센서 데이터를 결합하면 각각의 약점을 서로 보완할 수 있다. 영상에서 관절 추적이 다른 물체에 가려지거나 조명 조건이 좋지 않을 때는 IMU 데이터가 대신해 주고, 반대로 IMU 센서의 미세한 오차는 영상 정보로 보정하는 식이다.

더 발전된 형태로는 여러 개의 IMU 센서를 몸 곳곳에 부착해 만든 모션 수트가 있다. 이를 사용하면 별도의 카메라나 마커 없이도 3차원 자세를 추정할 수 있어 실제 경기 중에도 활용할 수 있다. 기존에는 특수 마커를 부착해야만 가능했던 정밀한 동작 분석이 이제는 마커 없이도 실시간으로 이뤄질 수 있게 된 것이다.

첨단 모션 캡처 시스템인 KinaTrax 같은 경우에는 고속 카메라 여러 대의 영상과 인공지능 알고리즘을 결합해 경기 중 선수의 관절 위치와 골격 움직임을 3차원으로 재현한다. 추가 센서 없이 딥러닝 비전 기술만으로도 관절을 추적하지만, 본질적으로는 다양한 센서와 영상 데이터가 융합된 결과물이라 할 수 있다.

이처럼 스포츠 동작 분석 연구에서는 IMU 센서 기반 데이터 수집이 가장 보편화되었고, 여기에 머신러닝과 센서 융합 같은 고도화된 데이터 처리 기법을 접목해 부상 재활 평가 등에도 활발히 활용되고 있다.

종목별 AI 기술 분석 적용 사례

야구: 투구·타격 모션 분석 (KinaTrax 등)

야구는 투구와 타격처럼 순간적인 폭발력이 필요한 3차원 움직임이 많은 종목이다. 그래서 AI 모션 분석 기술이 가장 활발하게 도입되는 분야이기도 하다.

최근 메이저리그를 중심으로 확산된 KinaTrax 시스템은 경기장 곳곳의 초고속 카메라로 선수의 동작을 촬영하고, 딥러닝을 통해 관절 좌표와 각도를 분석한다. 마커를 붙이지 않아도 투수의 팔 각도, 어깨와 골반의 회전, 투구 시 하중 분포까지 정밀하게 측정할 수 있어 피로 관리와 부상 예방, 그리고 투구 자세 교정에도 활용된다. 현재는 메이저리그 구단 대부분이 이 시스템을 도입했고, 대학과 마이너리그까지 확산해 쓰이고 있다.

이 기술의 진가는 경기 중 실시간 분석에서도 드러난다. 코치는 투수의 자세 변화나 구속 저하를 즉각 확인해 교체 여부를 판단할 수 있고, 경기 후에는 방대한 모션 데이터를 통해 선수별 장단점을 세밀하게 진단한다. 타격에서도 배트 센서와 고속 카메라를 결합해 스윙 속도와 궤적, 타격 각도를 수치로 기록하고, 이를 근거로 스윙을 교정하는 방식이 확산하고 있다.

야구는 오랫동안 감독의 경험과 직감에 의존했었지만, 여기에 데이터 분석이 더해지고 있다. AI는 야구를 과학으로 발전시키고 있으며, 선수 관리와 안전을 동시에 지원하는 새로운 도구로 자리 잡고 있다.

축구: 선수 퍼포먼스와 동작 패턴 분석

축구는 넓은 공간에서 복잡한 전술이 펼쳐지는 스포츠

로, AI 추적과 분석 기술의 발전이 특히 눈에 띄는 종목이다. 과거에는 GPS 장치나 경기장 카메라를 통해 위치 데이터를 얻는 수준이었지만, 딥러닝 비전 기술로 중계 영상 속 선수의 위치와 자세까지 자동으로 인식할 수 있게 되었다. 단순한 움직임 기록을 넘어, 골키퍼의 반응 타이밍이나 착지 자세에서 나타나는 부상 위험까지 찾아내는 도구로 발전하고 있다.

대표적인 사례가 IBM이 미국 여자축구 국가대표팀과 함께 개발한 인지 코칭 시스템이다. 이 시스템은 훈련 및 경기 영상을 분석해 실시간 피드백을 제공하며, 비효율적인 움직임을 찾아내거나 상대 팀의 전술 패턴을 파악해 코치의 의사 결정을 돕는다. GPS 장치와 웨어러블 센서를 통해 선수의 이동 거리, 가속과 감속, 심박수 등의 데이터를 종합 분석하여 피로도와 부상 위험을 예측하는 것은 이제 일반화되었다. 많은 팀에서 이런 데이터를 근거로 개별 선수의 회복 훈련이나 휴식 시간을 조정하며 최적의 컨디션을 유지하고 있다.

경기 분석 차원에서도 AI는 막대한 데이터를 전술적 통찰로 변환시키고 있다. 2022년 월드컵에서는 모든 선수의 움직임이 수집되어, 각 팀은 상대의 공격 패턴이나 약점을 수치로 파악할 수 있었다. 심판 판정 보조에서도

AI는 반자동 오프사이드 시스템으로 활용되며, 경기의 공정성을 높였다. AI는 경기장 안 22명의 움직임과 기술 완성도를 동시에 추적하고 분석하는 단계로 나아가고 있으며 팀 운영에 없어서는 안 될 동반자로 자리 잡게 될 것이다.

육상: 주자 퍼포먼스 추적과 자세 교정

육상은 자세와 생체 역학적 지표를 분석하여 기록 향상을 추구한다. 인텔이 개발한 3DAT 기술은 일반 영상만으로 선수의 3차원 움직임 데이터를 추출하며, 2020 도쿄올림픽에서 처음 공식 활용되었다. 올림픽 남자 100m 결승에서 각 선수의 실시간 속도, 가속도, 구간별 속력 변화를 중계 화면에 증강현실 그래픽으로 표시했다. 이 기술은 한 주자의 움직임에서 1000여 개의 생체 데이터를 추출하여 달리기 속도 곡선, 보폭 주기, 상체 기울기 변화 등을 제공한다.

코칭 관점에서는 스프린터의 가속 구간을 파악해 맞춤형 훈련을 설계하고, 비효율적인 동작을 교정할 수 있다. 방송 측면에서는 복잡한 데이터를 시각화하여 팬들에게 새로운 관전 요소를 제공한다.

도약 종목에서는 도움닫기 속도와 발 구름 각도를 측

정해 최적화하고, 허들에서는 허들 간 리듬과 무릎 각도를 분석한다. 마라톤 같은 장거리 종목에서는 달리기 자세의 좌우 대칭성과 경제적인 달리기 방법을 찾기 위해 AI 분석을 활용하기 시작했고 피로 누적에 따른 자세 변화를 실시간으로 감시해 경기 중 페이스 전략 수정도 가능하게 할 전망이다.

골프: AI 스윙 분석과 자세 교정 도구

골프는 스윙 동작의 메커니즘이 복잡하고 미세한 차이가 경기에 큰 영향을 주기 때문에, 오래전부터 영상 분석과 센서 활용이 활발한 종목이다. AI 기술의 발전으로 이제는 스마트폰만으로 골프 스윙을 자동 분석하는 시대가 되었다. 일부 모바일 앱은 카메라로 촬영한 스윙 영상을 딥러닝으로 처리하여 스윙 궤적, 클럽헤드 속도, 임팩트 각도 등을 산출하고 자동으로 교정 팁을 제시한다.

대표적인 사례가 스윙비전이라는 AI 코치 앱이다. 아이폰 카메라 한 대로 골퍼의 스윙을 분석하여 임팩트 위치, 클럽 경로, 비거리 예측 등을 자동화한다. AI가 스윙 영상을 프레임 단위로 분석해 "임팩트 순간 머리가 지나치게 들림"이나 "백스윙 시 오른쪽 무릎 각도 유지 부족" 등 인간이 놓치기 쉬운 디테일까지도 잡아낸다.

엘리트 선수 수준에서는 센서 슈트를 입고 스윙 동작을 3차원으로 기록하여, AI가 투어 프로들의 스윙 데이터와 비교해 자세 오차를 피드백한다. 또한 볼 궤적 측정 장치로 볼의 발사각과 회전량 데이터를 스윙 자세와 함께 종합 분석하여 단순히 "슬라이스가 난다"는 지적을 넘어 그 원인까지 진단한다.

아마추어를 위한 AI 기반 홈 트레이닝 기구도 늘고 있다. AI 스마트 카메라가 달린 골프 스윙 연습기는 사용자의 스윙을 자동 촬영하고, 클라우드 AI 분석으로 자세 평점과 교정 가이드를 제공한다. 하지만 데이터가 담아낼 수 없는 선수의 감정과 잠재력을 끌어내는 것은 여전히 인간 코치의 고유한 영역으로 남을 것이다.

테니스: 영상 인식 기반 경기 분석

테니스 분야에서도 AI 동작 분석 기술의 효과가 두드러진다. SwingVision 앱은 아이폰 하나로 테니스 경기의 득점, 샷 종류, 선수 위치를 모두 자동 인식하여 실시간 통계와 하이라이트 영상을 생성한다. AI가 서브 득점 등을 비롯한 여러 상황을 자동 판독하고 하이라이트 클립까지 만들어준다. 네트워크가 없는 코트에서도 실시간 라인 판정과 샷 속도 측정이 가능하다.

프로 테니스에서는 기존 호크아이 시스템에 전술 분석 AI를 접목한 사례가 늘고 있다. 코치는 선수별 샷 분포, 코트 커버 범위 등의 데이터를 AI로 분석해 상대 선수의 약점 패턴을 찾고 전략을 세운다. 딥러닝으로 선수의 타격 폼 변화를 추적해 부상 징후를 미리 감지하는 시도도 있다.

피겨스케이팅: AI 동작 분석과 심판 보조

피겨스케이팅에서는 기술 요소의 판정과 연기 분석에 AI 도입이 논의되고 있다. 점프 회전수 판정이 특히 주목받는 분야다. 국제빙상연맹은 2024년 세계선수권에서 인공지능을 이용한 기술 판정 시스템 도입 가능성을 언급했는데, 이는 AI가 점프의 회전수 부족 여부 등을 자동 판독하여 기술 패널을 보조하거나 대체하는 것을 의미한다. 이미 체조에서는 일본에서 개발한 AI 심판 보조 시스템이 2023년 세계선수권에 도입되어 심판 요청 시 기계 학습으로 계산된 동작 평가를 제공하고 있다.

국제빙상연맹은 점프 AI 판정 시스템을 개발 중이며, 착지 순간의 몸 비틀림 정도와 도약 직전의 회전 등을 자동 분석하는 것을 목표로 하고 있어 판정의 투명성이 개선될 것으로 전망된다.

훈련 분야에서도 AI 활용 가능성이 점쳐진다. AI가 선수의 연기 동작을 분석하여 폼 개선 피드백을 제공하거나, 수년간의 국제 대회 데이터를 학습해 새로운 연기의 예상 점수를 예측해 줄 수 있다. 동작 인식 기술로 스핀 자세나 스텝 시퀀스에서 규정 요소 충족 여부를 실시간 피드백할 수도 있다.

참고문헌

임석봉·안영민(2024). "AI와 스포츠, 픽셀스코프의 픽셀캐스트를 중심으로". 《Media Issue & Trend》, 64, https://www.kca.kr/Media_Issue_Trend/vol64/KCA64_22_domestic.html

221e(n.d.). Why Coaches & Athletes Are Leaning on IMU Tech for Performance Monitoring. https://www.221e.com/blog/wearable/why-coaches-athletes-are-leaning-on-imu-tech-for-performance-monitoring

Arzehgar, A. et al.(2025). Sensor-based technologies for motion analysis in sports injuries: a scoping review. *BMC Sports Science, Medicine and Rehabilitation, 17*, https://bmcsportsscimedrehabil.biomedcentral.com/articles/10.1186/s13102-025-01063-z

AWS Machine Learning Blog(2022). The Intel®3D Athlete Tracking (3DAT) scalable architecture deploys pose estimation models using Amazon Kinesis Data Streams and Amazon EKS.

https://aws.amazon.com/blogs/machine-learning/the-intel 3d-athlete-tracking-3dat-scalable-architecture-deploys-pose-estimation-models-using-amazon-kinesis-data-streams-and-amazon-eks/

EPFL(2022). Artificial intelligence deployed to enhance sports performance. EPFL News. https://actu.epfl.ch/news/artificial-intelligence-deployed-to-enhance-sports/

Giordano, K. A. et al.(2024). Normative In-Game Data for Collegiate Baseball Pitchers Using Markerless Tracking Technology. *Orthopaedic journal of sports medicine, 12*(10), https://pmc.ncbi.nlm.nih.gov/articles/PMC11544755/

KinaTrax: In-Game Markerless Motion Capture Technology for Baseball. https://www.kinatrax.com/

Liang, Z. & Isakunovich, B. J.(2023). Baseball Action Classification Based on OpenPose. *Academic Journal of Science and Technology, 8*(2), pp.62~64. https://doi.org/10.54097/ajst.v8i2.14947

N3XT Sports(2022). 'We've only scratched the surface': Intel's Jonathan Lee on athlete data and its value to sport's fan strategy. https://www.n3xtsports.com/insights-we-have-only-scratched-the-surface-intels-jonathan-lee-on-athlete-data-and-its-value-to-sports-fan-strategy/

Reddit FigureSkating(2021). ISU to introduce artificial intelligence in figure skating judging (Match TV). https://www.reddit.com/r/FigureSkating/comments/t3bwn0/isu_to_introduce_artificial_intelligence_in/

Reddy, C.(2024). Using pose estimation to identify goalkeeper. UT

Tyler Scholar Works, https://scholarworks.uttyler.edu/cgi/viewcontent.cgi?article=1033&context=hkdept_grad

Ryan, S.(2023). Opportunities of Artificial Intelligence in Synchronized Figure Skating. Medium. https://medium.com/@sophieyryan/opportunities-of-artificial-intelligence-in-synchronized-figure-skating-f6b3b54f0b3c

Schoenwether, B. et al.(2025). Reliability of artificial intelligence-driven markerless motion capture in gait analyses of healthy adults. *PLOS One, 20*(1), https://journals.plos.org/plosone/article?id=10.1371/journal.pone.0316119

Sports Business Journal(2024). Sony's sports business CEO talks KinaTrax acquisition. https://www.sportsbusinessjournal.com/Articles/2024/10/17/sony-rufus-hack-kinatrax/

The Scotsman(2024). World Figure Skating Championships: Figure skating could use Artificial Intelligence to judge technical performance, sporting body says. https://www.scotsman.com/news/world/world-figure-skating-championships-figure-skating-could-use-artificial-intelligence-to-judge-technical-performance-sporting-body-says-4566009

Viso.ai(n.d.). Popular applications of computer vision in sports. https://viso.ai/applications/computer-vision-in-sports/

04
부상 관리의 진화

엘리트 스포츠에서 전통적인 부상 관리는 발생 후 대응하는 방식으로 이뤄져 왔다. 부상이 발생하면 진단과 치료에 집중하고, 재활 후 복귀를 돕는 식이다. 그러나 최근 인공지능과 빅데이터 기술 발달로, 부상 관리는 사전 예방적이고 능동적인 접근으로 진화하고 있다. 방대한 데이터를 분석하여, 과거에는 감지하기 어려웠던 부상 위험 패턴을 찾아내고 있다.

청각장애인과 AI?

부상 예방과 위험 예측에의 AI 활용

머신러닝 기반 예측은 부상 예방에서 가장 활발히 활용되는 분야 가운데 하나다. 실제로 축구나 하키 같은 구기 종목은 물론 사이클이나 육상 같은 개인 종목에서도 GPS 추적 시스템, 가속도계, 심박 센서 등을 통해 훈련과 경기 데이터를 수집한다. AI는 이처럼 다양한 외부 부하(달린 거리, 스프린트 횟수, 가속·감속)와 내부 부하(심박수, 심박 변이도) 지표를 종합적으로 분석해 선수에게 잠재된 부상 위험 요인을 찾아낸다.

핵심은 개인별 부하 패턴의 변화를 감지하는 것이다. 평소보다 급격히 훈련량이 증가했거나, 회복 지표가 평상시와 다른 패턴을 보일 때 AI가 경고 신호를 보낸다. 4주간의 누적 부하 변동을 분석해 근육 부상 위험을 78% 정확도로 예측하거나, 딥러닝 모델이 선수 부상 여부를 91.5% 정확도로 예측한 연구가 보고되고 있다.

현장에서도 뚜렷한 효과가 나타나고 있다. AI 기반 부상 관리 시스템을 도입한 프로팀들에서 실제 부상이 감소했고, 결장 일수가 줄어드는 구체적인 성과가 보고되고 있다. AI 부상 예방 시스템은 다양한 방식으로 작동한다. 매일 수집되는 생체 데이터를 분석해 위험도 점수를 산출하고, 움직임 패턴을 분석해 개인별 프로필을 만들어 부상 위험을 평가한다. 재활 분야에서는 AI가 환자의 운동 자세를 실시간으로 분석하여 교정 피드백을 주거나, 회복 진도에 따라 운동 강도를 자동 조절하는 시도는 보편화된 방식이다. AI의 힘은 인간이 놓치기 쉬운 미세한 변화를 데이터로 포착해 사전에 개입할 수 있게 해 주는 것이다. 부상 후 치료에서 부상 전 예방으로, 스포츠 의학의 패러다임이 실질적으로 바뀌고 있다.

조기 진단 및 실시간 위험 감지

AI는 부상 조기 발견과 실시간 모니터링 측면에서도 스포츠 의료진에게 새로운 도구를 제공하고 있다. 컴퓨터 비전과 센서 데이터 분석을 활용하면 경기나 훈련 중에 발생하는 부상 징후를 실시간으로 포착하여 즉각적인 대응이 가능하다.

미국 NFL에서 구축한 '디지털 애슬리트' 프로그램이 대표적인 사례다. 경기 중 수집되는 선수 위치 데이터와 경기 영상을 통합 분석하여 헬멧 충돌이나 비정상 움직임을 자동 인식한다. 서른 대가 넘는 고해상도 카메라로 필드 전역을 촬영한 영상을 AI가 처리하여 선수들의 실시간 3차원 동작 자세와 충돌 강도를 산출한다. 뇌진탕이 의심되는 충돌이 발생하면 관계자에게 즉시 경고를 보낸다. 매 경기 주당 680만 프레임의 영상을 처리하고 1억 건 이상의 위치 데이터를 기록하며, 수작업으로는 불가능한 방대한 정보를 실시간 분석한다.

축구에서는 경기 영상을 분석해 헤딩 동작을 자동 검출하고 누적된 헤딩 횟수와 강도를 추적하는 기술이 개발되고 있다. 럭비나 미식축구에서는 선수 마우스피스에 내장된 충격 센서 데이터를 AI가 실시간 처리하여, 일정 임계치를 넘는 충격이 감지되면 의료진에게 즉시 신호를 보내는 시스템이 개발되고 있다.

AI는 진단 기술 향상에도 이바지하고 있다. MRI 뇌 영상을 분석하여 겉보기에는 정상처럼 보이는 가벼운 뇌진탕 흔적까지 정확히 식별하는 모델을 개발했다. AI가 뇌 백질의 확산 특성과 조직 복잡도를 나타내는 미세 지표를 찾아내어, 무증상 상태의 선수도 반복적인 머리 충격으로 인한 뇌 구조 변화를 식별해 낸다.

전방 십자 인대 파열 진단에서 딥러닝 모델이 전문가 수준의 정확도를 보이는 등 AI 영상 분석의 성능이 크게 향상되었다. AI가 팀 의료진의 진단 의사 결정을 돕는 핵심 도구로 자리 잡고 있다.

맞춤형 재활 및 회복 관리에서 AI 역할

AI는 재활 분야에서도 개인 맞춤형 회복을 지원하고 있다. 전통적인 재활 훈련은 정해진 프로토콜을 따르지만, AI가 개입하면 환자별 상태 변화에 실시간 반응하는 적응형 재활 프로그램을 구현할 수 있다.

국내에는 아직 제도적 제약이 있지만, 디지털 재활 기술이 이미 전문 치료진의 직접 관리 없이도 효과적인 재활이 가능한 수준까지 발전했다. 센서를 부착한 환자의 동작을 AI 코치가 실시간 교정하여 운동 자세를 향상하고, 원격 치료진은 축적된 데이터를 바탕으로 개인별 재활 진도를 최적화한다. 임상 연구에서 AI 재활 그룹의 기능 회복 속도가 전통 치료 대비 우수하다는 연구도 보고되었다. 객관적인 운동 수행 데이터가 지속 수집됨으로써 치료진이 환자의 미세한 개선 여부를 파악하고 재활 계획을 동적으로 조정할 수 있기 때문이다.

가상현실 기술과 결합한 재활도 주목받고 있다. VR는 통증이나 두려움으로 위축된 환자를 몰입형 환경에 노출해 재활 동기 부여와 정신적 회복을 돕는다. 전방 십자인대 수술을 받은 선수를 대상으로 한 연구에서 VR 기반 마음 챙김 명상 프로그램을 제공한 결과, 부상 재발에 대한 두려움이 감소하고 회복 자신감이 올라가는 효과를 보였다. 전방 십자 인대 부상 환자의 경우 복귀 후 2년 내 재부상 확률이 13배 높을 정도로 심리적 불안이 재부상에 큰 영향을 미치는데, VR를 통한 심리 재활이 실제 재부상률 감소로 이어질 가능성을 보여준 것이다.

재활 로봇과 AI의 결합도 주목된다. 상지 재활 로봇에 AI 알고리즘을 적용하면 환자의 근력 발휘나 움직임 패턴 변화를 학습하여 필요한 만큼의 보조력만 제공하고 나머지는 환자 스스로 움직이게 유도할 수 있다. AI가 환자의 운동 데이터를 누적 학습함으로써 로봇은 점진적으로 도움을 줄여 환자의 능동적 근력 발달을 돕는다. 로봇이 미세한 진전도 감지해 매일 정량적 피드백을 줄 수 있어 작은 개선에도 환자는 동기부여를 얻는다.

AI는 재활 분야에서 객관적인 회복 상태 추적, 실시간 운동 교정, 개인별 프로그램 조절, 심리적 지원 등 여러모로 활용되고 있다. 부상 후 복귀까지 걸리는 시간을 단축하고 재부상 위험을 낮추는 데 AI의 유망한 가능성을 보여주고 있다.

AI와 코칭 스태프·의료진의 협업

AI 기술이 뛰어난 예측력과 분석력을 제공한다 해도, 현장의 인간을 완전히 대체하는 것은 아니다. 오히려 코치,

선수 트레이너, 팀 닥터와 같은 전문가들과 AI의 협업을 통해 최선의 결과를 얻는 것이 중요하다.

영국 프로축구 리그의 한 체력 코치는 AI 시스템 도입 후 "우리 내부의 부하 검사 시스템을 보완해 주는 유용한 자원이 되었다. 매일 각 선수에게 제공하는 관리 수준을 최적화하는 데 도움을 받고 있다"고 언급했다. 코치진은 AI로부터 추가적인 통찰을 얻어 의사 결정을 정교화하지만, 최종적으로 선수 기용 여부나 훈련 조절 여부는 감독의 판단하에 이뤄진다.

AI가 어떤 선수를 '고위험'으로 분류한다고 해도, 코칭 스태프는 경기 중요도와 선수 본인의 느낌, 과거 경험 등을 종합해 출전 여부를 결정한다. 반대로 AI가 "문제 없음"으로 평가한 때에도 의료진은 선수의 통증이나 불편감을 체크하고 예방적 조치를 취할 수 있다. 중요한 것은 AI의 조언을 참고 자료로 삼되, 현장의 맥락과 인간적인 통찰을 결합하는 것이다.

이제 많은 프로팀에서 AI 분석가, 데이터 과학자들이 코치진과 긴밀히 소통하는 협업 체계를 구축하고 있다. 주간 부하 리포트나 위험 예측 리포트를 해석할 때 데이터 전문가가 결과의 신뢰도와 한계를 설명하면, 코치와 의료진이 이를 토대로 개입 여부를 함께 논의한다. AI 모델이 어떤 요인을 위험 신호로 감지했는지 설명해 주면, 선수 트레이너는 훈련 프로그램을 해당 요인에 맞춰 수정하거나 보강 훈련을 할 수 있다.

물론 현장 수용성 측면에서 과제도 있다. 일부 보수적인 코치나 선수는 데이터를 완전히 신뢰하지 못하거나, AI가 위험하다고 지목한 선수는 심리적으로 위축되어 플레이에 자신감을 잃는 역효과도 있을 수 있다. 따라서 구단에서는 AI 도입 시 코치와 선수에게 충분한 교육과 성공 사례를 공유하여 신뢰를 구축하는 노력도 기울여야 한다. 궁극적으로 AI는 인간 전문가를 돕는 도구이지 대체물이 아님을 인지하고, 팀 문화에 맞게 활용하는 것이 중요하다.

한계와 고려

AI를 부상 관리에 활용하는 데서 극복해야 할 한계와 고려 사항도 있다. 선수에게 불필요한 조치를 권고하거나, 위험을 간과해 부상을 초래할 수 있다. 모델의 정확도는 훈련 데이터의 질과 양에 크게 좌우되는데, 엘리트 선수 부상 데이터는 상대적으로 많지 않고 개별성이 높다.

한 팀에서 효과적인 알고리즘이 다른 팀이나 종목에는 맞지 않을 수 있고, 남성 선수 위주로 개발된 모델이 여성 팀에 그대로 적용될 경우, 생리적 차이와 경기 특성을 반영하지 못해 잘못된 예측이나 지침을 제공할 수도 있다.

AI를 통해 산출된 부상 위험도가 계약이나 선수 평가에 활용될 경우, 출전 기회나 연봉 협상에서 불리하게 작용할 수 있다는 우려도 존재한다. 따라서 팀은 AI 데이터를 의료 목적으로만 제한해서 사용하고 선수와 신뢰를 쌓는 것이 중요하다. 또한 코치나 선수에게 AI가 제공한 솔루션에 대해 충분히 공감하지 못할 경우 신뢰와 활용도가 낮아질 수 있다.

AI 기술 의존에 따른 책임 소재 이슈도 생각해 볼 점이다. AI 권고를 무시했다가 부상이 발생하거나, AI 권고를 따랐는데도 부상이 일어나면 책임은 누구에게 있는가 하는 문제다. 의사 결정 지원 도구로서 AI의 위치를 분명히 하고 인간 전문가의 전문성을 유지·강화하는 방향으로 기술을 활용해야 할 것이다.

참고문헌

Almansour, A. M.(2024). The Effectiveness of Virtual Reality in Rehabilitation of Athletes: A Systematic Review and Meta-Analysis. JPMS Online. https://jpmsonline.com/article/the-effectiveness-of-virtual

-reality-in-rehabilitation-of-athletes-a-systematic-review-and-meta-analysis-523/

AWS for M&E Blog(2024). Building a Digital Athlete: Using AI to Rewrite the Playbook on NFL Player Safety. https://aws.amazon.com/blogs/media/building-a-digital-athlete-using-ai-to-rewrite-the-playbook-on-nfl-player-safety/

Demeco, A. et al.(2024). The Role of Virtual Reality in the Management of Football Injuries. *Medicina, 60*(6), https://pmc.ncbi.nlm.nih.gov/articles/PMC11205647/

Front Office Sports(2019). Sparta Science Works to Prevent Injuries through Better Tech. https://frontofficesports.com/sparta-science-injuries/

Future Medicine AI(2023). AI Tool Can Accurately Identify 'Hidden' Concussion in Athletes. https://www.fmai-hub.com/ai-tool-can-accurately-identify-hidden-concussion-in-athletes/

Musat, C. L. et al.(2024). Diagnostic Applications of AI in Sports: A Comprehensive Review of Injury Risk Prediction Methods. *Diagnostics, 14*(22), https://pmc.ncbi.nlm.nih.gov/articles/PMC11592714/

PR Newswire(2016). Kitman Labs Releases First Annual Injury Assessment Report. https://www.prnewswire.com/news-releases/kitman-labs-releases-first-annual-injury-assessment-report-300281383.html

PR Newswire(2022). Zone7 Expands Service to Liverpool FC. https://www.prnewswire.com/news-releases/zone7-expands-service-to-liverpool-fc-301549906.html

Rezaei, A. & Wu, L. C.(2022). Automated Soccer Head Impact Exposure Tracking Using Video and AI. *Scientific Reports, 12*, 9282, https://www.nature.com/articles/s41598-022-13220-2

Tsilimigkras, T. et al.(2024). Enhancing Sports Injury Risk Assessment in Soccer Through Machine Learning and Training Load Analysis. *Journal of sports science & medicine, 23*(1), https://pmc.ncbi.nlm.nih.gov/articles/PMC11366842/

UNC-Chapel Hill(2024). VR May Help Athletes Recover from ACL Injuries. https://www.unc.edu/posts/2024/06/12/vr-may-help-athletes-recover-from-acl-injuries/

USAHS(2021). Artificial Intelligence in Physical Therapy: Cool Applications, Fascinating Implications. https://www.usa.edu/blog/artificial-intelligence-in-physical-therapy-cool-applications-fascinating-implications/

Zone7: Case Studies. https://zone7.ai/case-studies/

Zone7(2022). QPR Improve on Already Excellent Player Availability. https://zone7.ai/news/client-announcements/improving-a-strong-injury-prevention-program/

05
AI 설계 회복 프로그램

회복도 과학이다. 피로 해소, 수면, 컨디션 개선 등 다양한 회복 영역에서 AI 기술이 도입되고 있으며, 웨어러블 센서부터 가상현실까지 폭넓은 솔루션이 개발되고 있다. 인공지능이 선수의 생체 데이터를 실시간으로 분석하고, 개인별 맞춤형 회복 프로그램을 제안하는 시대가 도래한 것이다.

AI 콘텐츠 크리에이터?

데이터로 읽는 선수

웨어러블 기술의 발전은 선수 모니터링에 혁명을 가져왔다. 현재의 센서 기술은 심박수, 심박 변이도, 체온, 수면 패턴, 활동량 등 다양한 생체 지표를 상당한 정확도로 측정할 수 있다. 의료 분야에서 이미 임상 수준의 정확도를 보이는 웨어러블 심전도 기기가 상용화되었고, 스포츠 분야에서도 더욱 정밀한 생체 모니터링이 가능해질 전망이다.

이러한 데이터를 바탕으로 AI 시스템은 선수 개인의 생체 리듬과 회복 패턴을 학습하기 시작했다. 일부 팀에서는 이미 훈련 강도에 따른 개인별 적정 수면 시간을 분석하고, 컨디션 변화의 조기 신호를 파악하는 시스템을 적용하고 있다. 스마트 홈 기술에서 이미 개인 생활 방식을 학습하여 환경을 자동 조절하는 인공지능 시스템이 상용화되어 있어, 향후 스포츠 분야에서도 선수별 맞춤형 컨디션 관리가 더욱 정교해질 것으로 기대된다.

특히 주목할 만한 것은 AI의 패턴 분석 능력이다. 개별 선수의 생체 데이터 축적을 통해 개인만의 최적 컨디션 상태와 회복 패턴을 학습한다. 이를 바탕으로 각 선수에게 가장 효과적인 회복 방법과 타이밍을 제안할 수 있게 되었다. 매일 훈련 전 코칭 스태프는 선수별 컨디션 상태를 정확히 파악하고, 개인 맞춤형 훈련 계획을 수립할 수 있다.

정신적 회복과 스트레스 관리는 AI 기반 선수 관리의 새로운 영역이다. 심박 변이도 분석을 통해 자율신경계의 균형 상태를 파악하고, 정신적 스트레스 수준을 객관적으로 측정할 수 있다. 이미 여러 팀에서 수면, 기상 시 컨디션, 하루 종일의 스트레스 반응을 종합 분석하여 정신적 피로도를 모니터링하고 심리적 긴장도와 불안 수준을 데이터로 파악하여, 필요시 이완 훈련이나 명상 프로그램을 제공하고 있다.

의료 분야에서는 이미 음성 분석을 통한 우울증이나 스트레스 진단 기술이 연구되고, 표정 인식을 통한 감정 상태 모니터링이 개발되어, 향후 스포츠 분야에도 이러한 기술들이 적용될 가능성이 높다.

개인화된 훈련 부하 조절은 AI 회복 시스템의 핵심 기능 중 하나가 될 전망이다. 각 선수의 회복 속도, 체력 수준, 과거 경험 등을 종합 고려하여 코치진에게 최적의 훈련 강도를 제안하는 시스템들이 개발되었다. 컨디션 분석 결과에 따라 훈련 강도를 권고하고, 회복 상태가 양호할 때 적절한 부하 증가를 제안하는 방식이다.

이 시스템은 선수의 주관적 느낌과 객관적 데이터를

함께 고려한다. 선수가 '괜찮다'라고 느껴도 생체 데이터상 회복이 불충분하면 휴식을 권고하고, 반대로 피곤하다고 느껴도 데이터상 컨디션이 양호하면 적절한 강도의 훈련을 제안한다. 이를 통해 과훈련을 방지하면서도 최적의 컨디션을 유지할 수 있게 도와준다.

회복 치료의 최적화 영역에서도 AI 기술이 활용될 가능성이 높다. 마사지, 물리 치료, 냉 치료, 가압 처치 등 다양한 회복 방법들의 효과를 개인별로 분석하여 가장 효율적인 조합과 타이밍을 찾아낼 수 있을 것으로 예상된다. 예를 들어, 어떤 선수에게는 훈련 직후 15분간의 냉 치료가 효과적이고, 다른 선수에게는 근막 이완 요법이나 가압 처치가 더 도움이 된다는 식의 개인차를 데이터로 파악할 수 있게 될 것이다.

수면 최적화는 현대 헬스 케어와 운동 과학 분야에서 주목받고 있는 중요한 발전 영역이다. 최근 일반 소비자용 수면 추적 기기들이 개인별 수면 패턴을 정밀하게 분석하여 최적의 취침 시간을 제안할 수 있는 수준까지 발전했다.

수면 클리닉의 수면 다원 검사와 웨어러블 기기의 분석 결과 사이에는 여전히 차이가 존재한다고 보고되고 있지만 센서 기술과 알고리즘의 지속적인 발전으로 격차는 점차 줄어들 것으로 예상된다.

환경과 시스템이 만드는 최적 회복

현대 스포츠에서 AI의 역할은 단순한 데이터 수집을 넘어 선수들의 회복 환경 전체를 최적화하는 단계로 발전하고 있다. 환경적 회복 최적화는 선수가 훈련과 경기를 치루는 모든 공간과 조건을 과학적으로 관리하는 것을 의미한다.

현대 스포츠에서 AI의 역할은 단순한 데이터 수집을 넘어 선수의 회복 환경과 팀 운영 전반을 개선하는 방향으로 발전하고 있다. 스마트 빌딩 기술에서는 이미 실내 온도, 습도, 조명을 자동으로 조절하는 AI 시스템들이 상용화되어 있고, 스포츠 시설에도 점차 도입되어 훈련과 회복을 위한 최적 환경 조성이 가능해질 전망이다.

시차와 여행 피로 관리 분야에서도 점진적인 발전이 나타나고 있다. 원정 경기 시 선수들의 수면 패턴을 모니터링하고, 광치료 기기를 활용하여 생체 리듬 조절을 돕는다. 특히 장거리 이동이 잦은 팀스포츠에서는 출발 전 수면 스케줄 조정과 도착 후 적응 프로그램이 제공되어 체계적으로 적용되고 있다.

팀 단위 통합 회복 전략은 개별 선수 관리를 넘어 팀

전체의 시너지를 극대화하는 새로운 접근법이다. 앞으로는 팀 내 모든 선수의 컨디션 데이터를 통합 분석하여 모든 선수의 피로도와 회복 상태를 한눈에 파악할 수 있는 대시보드 시스템이 구축될 가능성이 높다.

로테이션 최적화는 장기간 시즌을 치르는 스포츠에서 중요한 과제다. 항공업계에서는 이미 조종사들의 비행시간, 휴식 시간, 피로도를 종합 분석하여 최적의 근무 스케줄을 짜는 AI 시스템들이 운영되고 있다. 이와 같은 알고리즘이 스포츠에 적용되면, 각 선수의 회복 속도, 누적 피로도를 고려하여 최적의 출전 순서와 시간을 제안하는 시스템 구축이 가능할 것으로 예상된다.

새로운 스포츠 시대의 도래

제대로 된 스포츠 과학의 핵심은 선수 개별 맞춤 전략에 있다. 같은 종목, 같은 포지션의 선수라도 체격, 근력, 지구력, 회복 속도, 심리적 특성이 모두 다르므로 획일적인 접근으로는 최적의 성과를 얻을 수 없다. 바로 이 지점에서 인공지능이 결정적 역할을 한다. AI는 방대한 개인 데이터를 분석하여 각 선수만의 고유한 패턴을 찾아내고, 개인별 최적화된 회복 프로그램을 설계할 수 있는 유일한 도구이기 때문이다.

앞으로 더욱 많은 팀에서 이러한 기술에 관심을 두게 될 것이고, AI 기반 개인 맞춤형 회복 프로그램을 도입하는 팀은 지속적으로 증가할 것으로 전망된다. AI는 더욱 정교해질 것이고, 개인 맞춤형 솔루션은 더욱 정확해질 것이다. 선수는 자신의 몸을 더 잘 이해하고, 더 과학적으로 관리할 수 있게 될 것이다. 미래의 스포츠는 인간의 신체적 한계에 도전하는 동시에, 기술의 힘을 빌려 그 한계를 안전하고 효과적으로 확장해 나가는 무대가 될 것이다. 그 여정에는 AI라는 든든한 동반자가 있다.

참고문헌

Cycling News(2025.8.12). How sweat and breathing sensors are signalling in a new era of marginal gains. https://www.cyclingnews.com/features/how-sweat-and-breathing-sensors-are-signalling-in-a-new-era-of-marginal-gains/

Dahiya, E. S. et al.(2024). Wearable technology for monitoring electrocardiograms (ECGs) in Adults: A scoping review. *Sensors, 24*(4). https://www.ncbi.nlm.nih.gov/pmc/articles/PMC10893166/

Dudek, S. et al.(2025). Revolutionizing sports: The role of wearable technology and AI in training and performance analysis. *Quality in Sport, 39*, 58456.

https://dx.doi.org/10.12775/QS.2025.39.58456
Espinosa, H. et al.(2025). Wearable sensor technology in sports monitoring. *Sports Engineering, 28*, 4. https://doi.org/10.1007/s12283-025-00485-9
Migliaccio, G. M. et al.(2024). The impact of wearable technologies on marginal gains in sports performance: An integrative overview on advances in sports, exercise, and health. *Applied Sciences, 14*(15), 6649. https://doi.org/10.3390/app14156649
The Guardian(2024.1.19). Football injuries are on the rise. Will AI solve the problem?. https://www.theguardian.com/sport/2024/jan/19/ai-innovation-premier-league-sports-injuries-hamstring
Vox(2025.8.8). Headphones that scan your brainwaves and keep you focused? It's not science fiction. https://www.vox.com/science/422610/oura-ring-neurable-apple-airpods-brain-health

06

AI가 바꾸는 영양 전략

스포츠에서 영양 관리는 경기력과 회복을 결정짓는 핵심 요소다. 최근 AI 기술과 결합하면서 선수 개인의 대사 특성과 훈련 상황에 맞춘 정밀 영양 전략이 가능해지고 있다. 식단 분석과 추천 알고리즘, 개인별 생체 반응 예측을 통해 맞춤형 솔루션을 제공하는 AI 영양 관리가 주목받고 있으며, 실제 현장에서 그 효과가 점차 입증되고 있다.

AI와 민주주의?

AI가 바꾸는 스포츠 영양 관리

선수는 식단 일지를 쓰거나 영양사를 통해 식단 관리를 받아왔지만, AI를 활용한 자동 식단 분석이 점차 이를 보완하고 있다. 스마트폰으로 음식 사진을 찍기만 하면 AI가 음식 종류와 양을 인식하여 열량과 영양소를 추정해 주는 앱들이 인기를 끌고 있다.

최근 AI 식단 분석의 칼로리 추정 정확도는 숙련된 영양사의 시각적 추정과 비슷한 수준에 도달했다. 바쁜 선수들이 일일이 식단을 기록하지 않아도 자동으로 섭취 열량과 영양소를 모니터링할 수 있는 시대가 열렸다. AI 챗봇을 이용한 영양 코칭도 인기를 얻고 있다. 채팅을 통해 선수의 당일 식사 내용을 묻고, 섭취한 음식의 영양 평가와 개선 팁을 제공한다. AI는 축적된 대화 데이터를 바탕으로 각 선수의 식습관 패턴을 파악하고, 부족하거나 과한 영양소를 지적해 준다.

연구에 따르면 AI 기반 식이 코칭 챗봇을 활용한 그룹의 식이 계획 준수율이 상당히 향상됐다. 24시간 대화형 코칭은 식단 관리에 대한 동기 부여와 지속적인 피드백을 제공하여 선수들이 더 즐겁게 영양 관리를 수행하도록 돕는다.

AI가 기존 영양사의 역할 일부를 자동화하면서 팀 단

위 영양 관리에도 효율성이 높아졌다. 선수 식사 사진을 AI가 자동 인식해 영양사가 일일이 확인하지 않아도 영양 섭취 리포트를 생성하는 시스템이 개발되었다. 일부 플랫폼은 영양사가 선수 개개인의 식단을 모니터링하고 필요시 식단 수정 제안을 즉각 보낼 수 있는 통합 대시보드를 제공한다. AI가 선수의 훈련 일정과 체성분 목표에 맞게 식단을 평가하여 영양사에게 우선 관리가 필요한 선수를 알려주는 기능도 개발되었다.

개인 맞춤 식사 추천의 진화

선수별로 훈련 강도, 체격, 포지션, 개인 기호가 다른 만큼 필요한 식사 구성도 다양하다. 자동 식사 추천 알고리즘은 개인 프로필 데이터, 일일 활동량, 경기 일정, 음식 선호도 등을 고려하여 최적의 식단 구성을 제안한다.

일부 영양 플랫폼은 운동 스케줄과 피드백 데이터를 연동하여 AI가 실시간으로, 칼로리 균형 평가를 수행한 뒤 실시간으로 식사 계획을 업데이트한다. 아침에 고강도 훈련을 했다면 탄수화물이 풍부한 점심을 권하고, 저녁에 체중 관리가 필요하면 저탄수화물 고단백 메뉴를 추천한다. 수백만 건의 식단 데이터와 운동 데이터를 기계로 학습해 식사 패턴과 경기력의 상관관계를 학습하고 개별 선수에게 주 단위, 일 단위로 연료 공급 전략을 계획한다.

AI는 선수에게 필요한 영양소를 파악하여 식재료를 활용한 레시피도 제시한다. 이때 AI는 종목 특성, 훈련 강도, 경기 일정, 개인별 알레르기나 식이 제한 사항을 종합적으로 고려하여 최적화된 맞춤형 식단을 구성한다. 지구력 선수에게는 복합 탄수화물이 풍부한 잡곡 비빔밥 레시피를, 근력 운동선수에게는 고단백 닭 가슴살 샐러드나 연어 스테이크 레시피를 제안하며, 회복기에는 항염 효과가 있는 베리류와 견과류를 활용한 스무디 레시피를 추천한다. AI가 선수의 식단 요구사항을 입력받으면 방대한 레시피 데이터베이스에서 조건에 맞는 요리를 찾아 제안하거나 아예 새로운 레시피 조합을 만들어 내기도 한다. 선수는 전지훈련이나 원정 경기 시 식당 메뉴를 일일이 고민하지 않고도 AI의 제안을 받아 현지 상황에 맞는 건강하고 기호에 맞는 식사를 선택할 수 있다.

혈당 반응 예측과 대사 맞춤 영양

개인마다 동일한 음식을 먹어도 혈당 및 대사 반응이 다르게 나타난다. AI는 대규모 생체 데이터를 통해 개인별 혈당 반응을 예측하는 모델을 구축함으로써 맞춤 영양에 혁신을 가져왔다.

수천 명을 대상으로 진행된 한 연구에서는 임상시험 데이터를 바탕으로 개인별 음식 섭취 후 혈당 · 혈중 지질 변화를 예측하는 머신러닝 모델을 개발했다. 연속 혈당 측정, 지질 수치, 장내 미생물 군집 데이터, 유전 정보 등을 종합 학습하여 어떤 사람이 어떤 음식을 먹으면 혈당이 얼마나 상승하고 얼마 만에 떨어질지를 정확히 예측했다.

이러한 연구 결과를 바탕으로 개발된 AI 모델은 이제 개별 사용자에게 맞춤형 서비스를 제공할 수 있게 된다. 사용자에게 장시간 혈당 센서를 부착하고 표준 식사 테스트를 하도록 한 뒤, AI가 데이터를 분석해 사용자 식품 점수를 매긴다. 특정 선수에게 잡곡밥이 혈당을 안정적으로 유지해 주는 음식으로 판정되면 높은 점수를 부여하고, 같은 양의 쌀밥이 혈당 급등을 유발하면 낮은 점수를 주는 식이다. 사용자는 AI 점수를 참고하여 식사 구성을 최적화할 수 있다.

최근에는 선수의 훈련과 경기 중 혈당 데이터를 활용하는 시도도 활발하다. 운동선수 전용 연속 혈당 센서를 출시하여 사이클, 마라톤 등의 지구력 스포츠 선수들이 실시간으로 자신의 혈당을 감시하도록 했다. 유럽 사이클 팀에서는 이를 도입하여 훈련 시 혈당 추이를 추적하고 개인별 최적 연료 공급 시점을 파악했다.

AI가 축적된 혈당 데이터를 분석하여 어떤 선수는 경기 몇 분 전에 에너지 젤을 섭취해야 혈당 유지에 유리하고, 어떤 선수는 경기 중 15분 간격으로 소량 보충이 효과적이라는 식으로 구체적인 맞춤 전략을 도출해 준다. 24시간 연속으로 자신의 혈당과 연료 상태를 가시화함으로써 선수들은 각자에게 가장 안정적으로 에너지를 공급하는 음식과 섭취 타이밍을 발견할 수 있다.

현장 적용 사례들

AI 영양 관리 기술은 이미 여러 팀과 선수에게 적용되어 성과를 내고 있다. 선수의 신체 데이터와 훈련 스케줄을 받아 AI가 그날의 아침 점심 저녁 메뉴를 추천하고, 선수는 식사 후 간단히 피드백을 남긴다. 피드백은 AI에 학습되어 다음 추천에 반영된다. 선수의 체성분 분석과 경기 일정에 바탕을 둔 식단과 보충제를 제시하기도 한다.

또 다른 사례로는 부상 이력과 생체 지표를 종합 분석해 항염증 식품 중심의 회복 메뉴를 설계하는 시스템이다. 이런 AI 기반 솔루션은 시즌 중 선수의 회복과 컨디션 관리에 실질적인 도움을 주게 된다. 스포츠 음료 기업은 선수의 땀 패치 데이터와 운동 정보를 AI로 분석하여 맞춤형 스포츠 음료 조성을 추천하고 있다. AI와 센서가 결합한 대사 모니터링은 과거에는 알 수 없었던 개인 내부의 변화를 투명하게 드러내 주고, 그것에 맞게 영양 전략을 세우는 시대를 열고 있다.

AI 영양 조언 사용 시 주의 사항

AI 영양 관리 기술이 발전하고 있지만, 선수들이 사용할 때는 신중한 접근이 필요하다. 특히 보충제나 특별한 식이요법과 관련해서는 더 주의해야 한다.

미국 반도핑기구는 웹사이트를 통해 선수들이 AI 챗봇의 영양 조언을 사용할 때 주의해야 한다고 당부했다. 또한 해외의 한 영양사가 ChatGPT에게 여성 사이클 선수의 식단을 요청했더니, 하루 2000칼로리와 탄수화물 250g을 권장했다고 한다. 보편적인 여성 엘리트 사이클 선수의 훈련량에 비해 턱없이 부족한 열량이다.

더 심각한 문제는 AI가 보충제를 추천할 때 발생할 수 있다. AI는 최신 WADA(세계반도핑기구) 금지 목록이나 복잡한 반도핑 규정을 완벽히 반영하지 못한다. 천연 성분이라도 금지될 수 있고, 같은 성분이라도 농도나 조합에 따라 금지 여부가 달라질 수 있다. 또한 국가별 · 종목별로 규정이 다른데 AI가 모든 상황을 고려하기는 어렵다. ChatGPT가 일반인에게 브롬화나트륨을 소금 대신 사용하도록 잘못 조언해 중독 증상을 일으킨 사례도 최근 의학 저널에 보고되었다. AI의 영양 조언이 때로는 위험할 수 있음을 보여주는 사례다.

따라서 보충제 섭취나 특별한 식이요법을 시행하기 전에는 반드시 전문가와 상의해 안전성을 검증해야 한다. AI는 빠르게 발전하고 있지만 아직은 보조 도구일 뿐이며, 선수의 건강과 경력을 지키는 최종 판단은 전문적이고 신뢰할 수 있는 인간의 몫이라는 점을 잊지 말아야 한다.

참고문헌

Business Insider(2025.5.20). Omada Healealth is jumping on the nutrition care boom with new AI agent tech ahead of its IPO. https://www.businessinsider.com/exclusive-omada-health-ai-agent-nutrition-ipo-2025-5

Li, X. et al.(2024). Evaluating the quality and comparative validity of manual food logging and AI-enabled food image recognition in apps for nutrition care. *Nutrients, 16*(15), p.2573. https://doi.org/10.3390/nu16152573

Rouhafzay, A. et al.(2025).Image-based food monitoring and

dietary management: A computer science and nutrition review. *Frontiers in Nutrition, 12*, https://www.frontiersin.org/journals/nutrition/articles/10.3389/fnut.2025.1501946/full

Solomon, T. P. J. & Laye, M. J.(2025). The sports nutrition knowledge of large language model (LLM) AI chatbots: An assessment of accuracy, completeness, clarity, quality of evidence, and reliability. *PLOS ONE, 20*(6), e0325982. https://doi.org/10.1371/journal.pone.0325982

Teamworks(2024.3.15). Teamworks Nutrition launches AI-powered nutrition management tools. https://teamworks.com/nutrition/?utm_source=chatgpt.com

The Guardian(2024.1.19). Football injuries are on the rise. Will AI solve the problem?. https://www.theguardian.com/sport/2024/jan/19/ai-innovation-premier-league-sports-injuries-hamstring

Zheng, J. et al.(2024). Artificial Intelligence applications to measure food and nutrient intakes: Scoping Review. *Journal of medical Internet research, 26*, https://pubmed.ncbi.nlm.nih.gov/39608003/

07
멘탈 트레이닝과 AI

마음도 데이터로 읽는다. 현대 스포츠에서 멘탈이 승패를 좌우하는 주요 요인으로 부상하면서 스포츠 심리학에 인공지능이 접목되고 있다. 과거 설문지나 관찰에 의존하던 심리 컨디션 파악이 실시간 데이터 분석으로 진화했다. 인공지능은 훈련 기록, 경기 성적, 심박 반응, 수면 패턴을 종합 분석해 압박 상황 집중력 저하나 불안 급증 패턴을 포착하고 개인 특화 멘탈 트레이닝을 제시한다.

AI와 애니메이션?

실전 압박 상황에서의 멘탈 관리

축구 선수가 승부차기 할 때처럼 고도의 집중력과 자신감이 요구되는 순간, AI 기술은 선수의 멘탈 상태를 실시간으로 파악하고 훈련하는 데 활용될 수 있다. 예를 들어 컴퓨터 비전 기반 감정 분석은 경기 중 선수의 표정, 목소리, 신체 언어 등을 분석하여 긴장, 좌절, 자신감 결여 등의 정서 신호를 포착할 수 있다.

실제로 한 연구에서는 AI가 테니스 선수의 신체 언어와 감정을 인간 관찰자 수준(정확도 약 69%)으로 식별해냈는데, AI 코치가 선수의 멘탈 징후를 파악하는 기반 기술로 이어지고 있다. 나아가, 선수의 시선 추적과 동작 패턴 데이터를 통해 미세한 심리 변화를 감지하는 기술도 개발되었다. 예를 들면, 경기 중 자신감 있는 선수는 자세가 당당하고 시선이 상대에게 바로 향하지만, 위축된 선수는 고개를 숙이거나 어깨가 움츠러드는 몸짓을 보일 수 있다. AI 비디오 분석은 이러한 비언어적 단서들을 정량화하여 코치에게 실시간으로 알려준다. 다만 현재 기술 수준에서 AI가 감정을 정확히 읽더라도, 즉각 그에 맞는 완벽한 심리 개입 전략까지 제시하는 데에는 한계가 있는 건 사실이다. 예컨대 AI가 "이 선수 지금 불안하다"까지는 알 수 있어도, 사람처럼 공감하며 대화로 불안을 해소하기는 어렵다. 따라서 현 단계에서는 AI가 감정 분석으로 멘탈 상태를 모니터링하고, 전문가가 그 정보를 활용해 개입하는 하이브리드 접근이 효과적이다.

AI 멘탈 트레이너와 감정 안정 프로그램

AI의 가장 큰 장점은 24시간 개인 맞춤 코칭을 제공할 수 있다는 점이다. 전통적 방식에서는 스포츠 심리 전문가와의 대면 상담이나 정해진 멘탈 훈련 세션에 의존했지만, 이제 선수들은 언제 어디서나 AI 멘탈 코치를 통해 도움을 받을 수 있다. 예를 들어 스마트폰 앱이나 챗봇 형태의 AI 멘탈 트레이너가 등장하여 선수는 즉각적인 멘탈 피드백을 얻고 자기 계발을 지속할 수 있게 되었다.

대표적인 사례로 '퍼폼(Perform)'이라는 앱은 세계 최초의 AI 기반 심리 코치를 표방하며, 실제 심리 상담 기법과 인지 행동 치료 원리를 응용한 실시간 대화 세션을 제공한다, 사용자는 퍼폼 앱과 1:1로 대화하면서, 마치 멘탈 코치와 세션을 진행하듯 스트레스 요인을 털어놓고 대처 전략을 연습할 수 있다. AI 코치는 사용자의 말에서 감정과 고민을 분석하고, 데이터베이스에 축적된 스포츠 심리 기법에 따라 맞춤형 조언을 해준다. "큰 경기 전 왜 이렇게 긴장될까?"라고 물으면, AI는 과거 비슷한 상황에서 사용자가 성공적으로 대처했던 사례를 상기시키며 "지난달 결승전 전에도 불안했지만 깊게 호흡하고 이미지 트레이닝을 하여 좋은 결과를 냈습니다"라고 피드백한다.

또한 "5분 호흡법", "긍정 확언 제공" 등 즉각 실행할 수 있는 안정화 기법을 제안하여 선수의 멘탈을 다잡을 수 있게 한다. AI 대화형 코치는 청소년 선수나 전문가 접근이 어려운 지방의 선수들에게 24시간 심리 지원 창구가 되어준다. Mettle(메틀)이라는 플랫폼은 청소년 선수들을 위해 개발된 AI 멘탈 코치로, 스포츠 심리학 박사가 훈련한 AI 코치 'Alex'가 아이들의 경기 후 마음가짐을 챙겨준다. Mettle의 AI 코치는 경기에서 졌을 때 "무슨 기분이 드나요?"라고 묻고 성찰을 유도하는 프롬프트를 주며, 이 과정을 통해 아이들이 좌절감을 건설적으로 받아들이고 회복탄력성을 키우도록 돕는다.

특히 눈에 띄는 부분은 이 AI 코치가 점수나 순위 언급은 피하고, 오로지 자기 성장에 초점을 맞춘다는 것이다. 그 결과 사용자는 기록이나 승패의 압박에서 벗어나 내면의 성장에 집중하게 되었다는 피드백이 있다. 인공지능 기술을 접목하면 다양한 방식으로 선수의 멘탈 훈련을 일상화할 수 있다.

챗봇 기반 심리 지원과 정서 안정 프로그램

선수의 멘탈 헬스 케어를 위해 개발된 AI 챗봇은 일종의 '요술램프 속 심리 상담사' 임무를 수행한다. Woebot(우봇)은 임상적으로 검증된 심리 치료 기법을 내장한 챗봇으로, 우울 · 불안감을 대화 형식으로 풀어주는 일반인용 앱이지만 운동선수도 활용할 수 있다.

이러한 챗봇은 정해진 각본 없이도 사용자의 입력에 반응하여, 마치 친구처럼 공감적인 대화를 이어가면서 심리적 긴장 완화를 돕는다. 예컨대 늦은 밤 경기 압박감에 잠 못 이루는 선수가 챗봇에 고민을 털어놓으면, 챗봇은 "최근 스트레스가 많으셨군요. 저와 간단한 호흡 연습을 해볼까요?"라고 제안할 수 있다. 이어서 심박수를 낮추는 이완 요법이나 간단한 명상 오디오를 재생하며 사용자를 안정시킨다. 실제 NBA에서는 불안이 심한 선수들에게 마음 챙김 명상 앱을 권장하고, 일부는 AI 챗봇과 함께 새벽에도 심리 상담을 받을 수 있게 한 사례가 있다. 또한 팀 차원의 정서 안정 프로그램으로, AI가 선수의 일일 기분 상태를 추적하여 스트레스 지수가 높게 감지되면 임상 전문의를 연계하는 시스템도 구축되고 있다. 예를 들어 어떤 선수가 며칠째 스트레스 지표가 급상승하고 부정적 감정을 토로한다면, AI는 자동으로 스포츠 심리 전문가에게 알림을 보내 일대일 면담을 주선한다. 이런 방식으로 AI와 사람이 협력하여 선수의 정신 건강을 상시로 돌보고 있다.

스트레스 예측 알고리즘

AI는 선수 개개인의 스트레스 패턴을 학습하여 미래의 멘탈 위기 상황을 예측하기도 한다. 예컨대 머신러닝 모델이 선수의 훈련량, 경기 일정, 수면, 심박 변이도, 자기 보고 스트레스 점수 등을 시간 흐름에 따라 분석하면, 과부하 위험을 사전에 경고할 수 있다.

AI 알고리즘은 이러한 복합 패턴을 인식하여, 시즌 중 비슷한 양상이 보이면 "A선수가 정신적 피로 누적 징후-휴식 권장"과 같은 경보를 제공한다. 또한 시합 전날의 수면 부족과 함께 높은 코르티솔 수치 패턴이 발견되면 해당 선수가 다음날 코치에게 멘탈 케어 강화를 제안하기도 한다. 이렇게 되면 코치와 팀 닥터가 즉각 개입하여 훈련 강도를 조절하거나 상담하는 등 문제를 키우지 않고 선제적으로 대응하게 해 준다.

지속적인 모니터링과 조기 개입은 선수의 정신적 웰빙을 향상할 뿐 아니라 경기 준비 상태도 유지하게 하는 효과를 기대할 수 있다. AI 기반 스트레스 예측은 멘탈 트레이닝을 사후 대응에서 사전 예방적 관리로 전환하고 있다.

실제 적용 사례

여러 스포츠 현장에서 AI와 심리학 융합 사례가 나타나고 있다. 예를 들어, 유럽의 한 축구 명문 구단은 선수단에 웨어러블 센서를 지급하고 전문 심리팀과 데이터 과학자들이 공조하여 '멘탈 컨디션 리포트'를 일일 생산한다. 이 리포트에는 선수별 심박 · 수면 데이터 기반 스트레스 지수와 코치진의 주관적 평가가 함께 포함되어, 훈련 계획 수립에 참고 자료로 활용된다.

또한 VR 기반 멘탈 트레이닝을 도입하면, 선수가 VR 기기를 쓰고 관중의 함성 소음, 상대 수비 압박 등이 재현된 가상 경기 상황에서 멘탈 연습을 할 수 있다. 승부차기 시합이 임박한 상황을 VR로 재현하여 긴장 상태에서도 AI 코치의 안내에 따라 호흡을 조절하고 루틴을 실행하는 연습을 반복함으로써, 실제 경기에서도 흔들림 없는 집중력을 발휘할 수 있도록 돕는다. 실제 경기의 중압감을 미리 경험함으로써, 실전에서 멘탈 붕괴를 막고 평소 기량을 발휘하게 한다.

미국 프로 스포츠에서는 스타트업과 협업 사례도 많

다. 예컨대 미국프로풋볼(NFL)의 몇몇 팀은 멘탈 퍼포먼스 기술 회사와 계약을 맺고, 선수에게 AI 멘탈 코칭 앱을 배포해 익명으로 고민 상담을 하도록 장려한다. 이를 통해 선수들은 팀에 말하기 꺼려지는 불안이나 사생활 고민까지도 챗봇에 털어놓고 도움을 얻는다. 팀으로서는 개별 선수의 대화 내용은 보지 못하지만, AI가 집단적 추세("원정 경기 기간에 우울감 상승" 등)를 알려주기 때문에, 이에 기반해 단체 세션이나 휴식일 조정 등의 팀 차원 대응을 할 수 있다.

한계와 고려

AI 멘탈 트레이닝의 활용에는 몇 가지 중요한 한계와 고려 사항이 따른다. 먼저 기술적 한계로, AI는 인간 코치의 공감과 정서적 연결을 완전히 대체할 수 없다는 점이다. 선수는 AI 코치가 냉정하고 기계적이라고 느낄 수 있다. 선수가 AI 코칭 앱을 시도했으나 데이터에 근거한 조언은 많았지만 내 마음을 진짜로 이해하는 느낌이 없었다는 후기도 있다.

인간 심리 코치는 표정, 목소리 톤, 맥락을 종합적으로 파악하여 미묘한 심리 상태까지 읽어내지만, AI는 현재로선 텍스트나 센서 데이터로 주어진 정보만 의존해 해석한다. AI는 사용자가 우울하다고 보고하면 정해진 대처법을 제시하지만, 그 우울함 뒤에 숨은 복잡한 개인사까지 이해해 주지는 못한다. 이러한 한계 때문에 반드시 인간 전문가의 역할이 여전히 중요하다는 점을 간과하지 말고, AI는 일상적 컨디션 관리나 가벼운 불안 완화 수준에서 보조적으로 쓰는 것이 적절하다. 앞서 소개한 Perform 같은 앱도 AI는 심각한 정신질환이나 위기 상황에 대응하도록 설계되지 않았으며, 전문 치료사를 대체하지 않는다는 고지를 명시하고 있다.

또한 개인 정신건강 데이터의 프라이버시 문제도 중요하게 다뤄져야 한다. 선수의 감정 상태, 상담 내용, 스트레스 지수 등은 매우 민감한 정보로서, 유출이나 오남용 시 사생활 침해 및 낙인 등이 우려된다. 따라서 이러한 데이터는 반드시 익명화 및 암호화를 통해 보호되어야 하며, 특히 팀이 개입하는 경우 선수 동의 없이 멘탈 상담 내용에 접근하지 않는 원칙이 중요하다. 또한 AI 상담 내용의 신뢰성과 윤리성 검증도 과제다. 챗봇이 어떤 조언을 줄 것인지 미리 모두 통제하기 어려운데, 자칫 문화적으로 민감한 이슈나 잘못된 정보를 전달하면 문제가 될 수 있다. 이를 방지하기 위해 임상 심리 전문가가 챗봇의 대화 흐름을 점검하고, 정기적으로 AI 답변을 감시하는 절차가 필요하다. 더불어, 선수의 자율성 존중도 중요하다. AI가 권하는 멘탈 훈련이라 해도, 선수 스스로 원하지 않으면 강요해서는 안 된다. 어떤 선수는 챗봇보다 인간 상담을 선호할 수 있는데, 구단이 비용 절감을 이유로 무조건 챗봇만 쓰게 해서는 안 된다. 챗봇보다 인간과 대화하길 원한다는 보고도 있는 만큼, AI와 인간 코치의 균형 있는 활용이 중요하다. 마지막으로 과신과 책임 문제가 있다. AI가 선수의 멘탈 상태를 잘 예측해 내더라도, 이것이 낙인 효과를 불러일으킬 우려가 있다. 예컨대 AI가 특정 선수를 두고 "불안 수치 높음"이라고 분류하면, 코치나 선수 자신이 멘탈이 약하다고 단정 짓는 오류를 범할 수 있다. 인간의 멘탈은 훈련과 지원으로 변화 가능한데도, AI 때문에 오히려 고정관념이 생길 수 있다는 점을 경계해야 한다. 또한 AI의 판단 오류로 잘못된 조언이 이루어진다면 그 책임은 누구에게 있는가도 불분명하다. 따라서 AI의 한계를 인지하고, 최종 판단은 인간 전문가가 내리며, AI는 보조적 의견으로만 활용하는 체계를 유지하는 것이 필요하다. AI는 스포츠 멘탈 트레이닝에 새로운 지평을 열고 있지만, 어디까지나 인간 중심 접근을 강화하는 도구로 활용되어야 하며 코치와 심리 전문가의 통찰을 대체할 수 없다.

참고문헌

Bloechle, J. et al.(2024). It's not all in your feet: Improving penalty kick performance with human-avatar interaction and machine learning. *The Innovation, 5*(2), 100584. https://doi.org/10.1016/j.xinn.2024.100584

Gill, S. P.(2024). Empathy and AI: cognitive empathy or emotional (affective) empathy?. *AI & SOCIETY, 39*, pp.2641~2642. https://doi.org/10.1007/s00146-024-02118-4

Jekauc, D. et al.(2024). Recognizing affective states from the expressive behavior of tennis players using convolutional neural networks. *Knowledge-Based Systems, 295*, 111856. https://doi.org/10.1016/j.knosys.2024.111856

Perry, A.(2023). AI will never convey the essence of human empathy. *Nature Human Behaviour, 7*, pp.1808~1809, https://www.nature.com/articles/s41562-023-01675-w

Reuters(2024.7.6). With holograms, AI and big data, football front and centre in tech race. https://www.reuters.com/sports/soccer/with-holograms-ai-big-data-football-front-centre-tech-race-2024-07-05/

Salil, R. et al.(2025). Digitalized therapy and the unresolved gap between artificial and human empathy. *Frontiers in Psychiatry, 15*, https://www.frontiersin.org/articles/10.3389/fpsyt.2024.1522915/full

Shteynberg, G. et al.(2024). Does it matter if empathic AI has no empathy?. *Nature Machine Intelligence, 6*, pp.496~497. https://doi.org/10.1038/s42256-024-00841-7

Vicente, H.(2024). The mental game and the role of AI in transforming football performance. HRS Vicente. https://hrsvicente.shorthandstories.com/the-mental-game-and-the-role-of-ai-in-transforming-football-performance/

Witte, K. et al.(2025). Sports training in virtual reality with a focus on visual perception: A systematic review. *Frontiers in Sports and Active Living, 7*, 1530948. https://pubmed.ncbi.nlm.nih.gov/40181931/

Zhuo, W. & Yang, Z.(2025). Biomechanically-informed emotion recognition algorithm of sports athletes based on deep neural network. *Molecular & Cellular Biomechanics, 22*(1), 1017. https://doi.org/10.62617/mcb1017

08
AI가 찾는 미래의 별

스포츠 유망주 발굴은 늘 어려운 과제였다. 두각을 나타내던 선수가 성인 무대에서 빛을 잃고, 반대로 늦은 성장으로 주목받지 못했다가 뒤늦게 잠재력을 폭발시키는 선수도 있다. 기존의 스카우터는 현재 경기력에만 치중해 장기적 발달 과정을 읽어내기 어려웠다. 인공지능은 수년간 축적된 데이터로 성장 패턴을 추적하고 변곡점을 조기 포착하여 미래 발전 가능성을 제시한다.

AI와 인재 채용?

AI가 찾는 스포츠 영재

과거 선수 발굴은 코치의 직감이나 제한적인 관찰에 크게 좌우됐다. 특정 대회에서의 성적이나 짧은 훈련 과정을 보고 판단하는 경우가 대부분이었다.

하지만 이제는 다르다. AI는 단순히 현재 실력만 보는 것이 아니라 성장 곡선, 신체 발달 단계, 심리적 특성까지 종합해서 분석한다. 겉으로 드러나지 않은 잠재력까지 찾아내는 것이다.

더 중요한 것은 장기적 관점이다. AI는 유소년 선수가 성인기까지 성장하는 전 과정을 체계적으로 설계할 수 있다. 각 선수의 발달 패턴을 파악해 맞춤형 훈련을 제안하고 적합한 포지션까지 추천한다.

물론 이 과정에서 공정성과 윤리 문제도 함께 고려해야 한다. 분명한 것은 AI가 편견과 주관성을 줄이고 과학적 근거를 제공한다는 점이다. 타고난 재능만으로는 설명할 수 없었던 성공 비밀을, 데이터로 풀어낼 수 있게 된 것이다.

연구에서도 이러한 가능성이 입증되고 있다. 독일 유소년 축구 아카데미에서 7년간 400명 이상의 선수를 추적한 연구는 머신러닝 분석을 통해 어떤 능력이 상위 단계 승급과 연결되는지를 밝혀냈다. 전력 질주 속도, 방향 전환 능력, 점프력, 유산소 지구력 같은 구체적인 체력 지표가 핵심 요인이었다. 그간 스카우터가 감으로만 평가하던 요소를 수치화하여 객관적으로 제시한 것이다. 겉으로 보면 체력이 중요하다는 결론은 당연해 보일 수 있다. 하지만, 이 연구는 체력 중에서도 어떤 항목이 실제로 중요한지, 그리고 그것이 다른 요인보다 얼마나 큰 영향력을 가지는지를 데이터로 증명했다는 점에서 의미가 있다. 심리적 요인, 동기 수준, 정신적 강인함, 팀 응집력 같은 요소나, 선수가 주로 어떤 포지션에서 뛰어왔는지는 상대적으로 덜 중요한 변수로 나타났다. AI가 선수 발굴 과정에서 무엇이 장기적 성공의 핵심인지 분명히 보여준 구체적 사례다. 달리 이야기하면 특정 연령에서 두각을 나타내지 못하더라도 체력적 지표의 성장세가 뚜렷하다면 충분히 기회를 줄 수 있다는 메시지를 담고 있다.

프로 스포츠에서도 AI 스카우팅은 이미 활용되고 있다. 잉글랜드 프리미어리그 번리 FC는 AiSCOUT라는 플랫폼을 통해 청소년 선수들의 기술 동작 영상을 수집해 분석하고, 실제로 AI 평가 상위권에 든 선수들을 아카데미에 합류시켰다. 시간과 공간을 초월하여 스카우터가 닿기 어려운 곳에서도 단지 스마트폰 영상만으로 기량을 평가받을 수 있게 된 것이다. 이는 지역의 소도시나 전문 아카데미가 부족한 환경에서 뛰는 선수들에게도 기회를 제공한다는 점에서 의미가 있다. 더 이상 누군가의 눈앞에서 발탁되는 것이 아니라, 누구든 데이터 기반 평가를 받을 수 있는 시대가 열린 것이다. 과거라면 불가능했던 기회가 이제는 데이터와 AI 덕분에 누구에게나 열릴 수 있는 시대가 왔다.

AI는 단순한 스카우팅을 넘어, 성장과 성숙에 따른 맞춤형 훈련 설계에서도 활용된다. 유소년 선수는 나이가 같아도 성장 속도와 성숙 단계가 크게 다르다. 한 해 차이로 키와 근력이 월등히 앞서는 선수들이 유리해 보이는 경우가 많지만, 상대적 나이 효과에 기인한 경우도 있다. 성장이 상대적으로 느린 선수가 충분한 기회를 보장받지 못한다면 잠재성은 빛을 발할 수 없다. 이를 보완하기 위해 AI는 생물학적 연령을 추정하고, 성장 곡선의 위치에 따라 훈련 강도와 목표를 달리 제안한다. 최근 개발된 Maturo라는 스마트폰 앱은 청소년 선수의 성숙 단계를 자동 추정하는 기능을 제공하여 성장이 빠른 선수에게는 부상 위험을 줄이고, 느린 선수에게는 장기적인 기회를 보장하는 방식으로 훈련을 설계하는 데 도움을 준다.

장기 육성 측면에서 중요한 또 하나의 과제는 선수 생활을 중도 포기하는 것이다. 많은 청소년 선수가 운동을 그만두는 이유에는 단순히 기량 부족만이 아니라 심리적 요인, 팀 내 인간관계 갈등, 과도한 압박 등 여러 요인이 복합적으로 작용한다. 최근 연구는 어린 나이에 한 종목만 지나치게 집중하는 조기 훈련이 반드시 탈락으로 이어지는 것은 아니라고 지적한다. 중요한 것은 동기와 즐거움을 지속적으로 유지하는 것이다. AI는 선수의 훈련 참여율, 경기 데이터, 설문 응답 등을 종합 분석해 이탈 위험이 큰 선수를 조기에 식별할 수 있다. 팀 응집력이나 훈련 참여 의욕이 떨어지는 선수를 미리 찾아내어 탈진으로 이어지기 전에 심리적 개입을 시도할 수 있다. AI가 선수 생활을 유지하고 장기적으로 성장하는 데 중요한 역할을 하는 셈이다.

포지션 전환 역시 AI 기여가 기대되는 영역이다. 신체 조건과 움직임 패턴, 경기 통계를 분석하면 현재보다 더 적합한 포지션을 제안할 수 있다. 공격수로 뛰던 선수가 공수 전환 능력과 공간 읽기 능력에서 강점을 보인다면, AI는 그 선수가 수비형 미드필더가 적합하다고 제시한다. 코치의 직관을 AI가 보완하면서 선수와 팀 모두에게 보다 나은 선택을 할 수 있다. 미래에는 특정 선수의 포지션 변화가 팀 성과에 어떤 영향을 주는지 AI 시뮬레이션을 통해 미리 확인하는 것도 가능할 것으로 전망된다.

이런 측면에서 AI 활용에는 추가적인 고려가 필요하다. 만약 같은 나이에 생일이 빠른 선수는 신체 발달이 앞설 수 있기 때문에 경기에서 더 유리한 평가를 받는 상대적 나이 효과가 있는데, 이를 그대로 반영한다면 AI 역시 생일이 늦은 선수는 과소평가할 수 있다. 따라서 선수 평가에서는 단순히 같은 나이로 묶는 것이 아니라, 실제 생물학적 발달 수준이나 생일 시점에 따른 월령 차이까지 보정할 필요가 있다. 그러면 성장 속도가 늦은 선수가 불리한 평가를 받지 않게 된다. 동시에 미성년 선수의 데이터는 개인정보와 안전 측면에서 엄격히 보호되어야 한다. 유럽의 일반개인정보보호법은 발달 데이터를 다룰 때 부모의 동의를 반드시 거치고, 수집 · 저장 · 활용 과정에서 투명한 관리와 강력한 보안을 요구한다.

AI가 찾는 미래의 별은 단순히 눈에 띄는 재능이 아니라 데이터 속에 숨어 있는 성장 패턴, 발달 곡선, 잠재적 가능성을 기반으로 발굴된 인재들이다. AI는 유소년부터 엘리트까지 이어지는 긴 성장 여정을 정밀하게 추적하며, 선수에게 맞춤형 길을 설계할 것이다. 앞으로 스포츠 무대에서 떠오르는 별들은 더 이상 우연히 발견되는 존재가 아니라, AI가 포착한 잠재성과 과학적 근거를 토대로, 체계적으로 육성되는 주인공이 될 것이다.

참고문헌

Abate Daga, F. et al.(2024). Coaches' Subjective Perceptions and Physical Performance: Key Factors in Youth Football Talent Identification. *Education Sciences, 14*(12), 1400. https://doi.org/10.3390/educsci14121400

Altmann, S. et al.(2024). Prediction of talent selection in elite male youth soccer across 7 seasons: A machine-learning approach. *Journal of Sports Sciences, 42*(24), pp.2481~2494. https://doi.org/10.1080/02640414.2024.2442850

Call Playbook(2025.7.31). Top 10 ways AI is revolutionizing player scouting and recruitment. https://www.callplaybook.com/reports/top-10-ai-scouting-and-recruitment

Financial Times(2025.5.15). AI could be the Holy Grail in search for the next Neymar. https://www.ft.com/content/94e1654a-c0e3-405d-92fd-82ef10f57ab7

Intel Newsroom(2024.7.29). Intel-Powered AI Platform Technology Might Spot Next Olympic Hopeful. https://newsroom.intel.com/artificial-intelligence/intel-powered-ai-platform-technology-might-spot-next-olympic-hopeful

Mateus, N. et al.(2025). Empowering the sports scientist with artificial intelligence in training, performance, and health management. *Sensors, 25*(1), 139. https://doi.org/10.3390/s25010139

The Guardian(2025.1.4). Football coaches could soon be calling on AI to scout the next superstar. https://www.theguardian.com/technology/2025/jan/04/football-coaches-could-soon-be-calling-on-ai-to-scout-the-next-superstar

The Upside Newsletter(2025.3.31). Upside Analysis: Talent identification and scouting in elite sports. The Upside. https://www.theupside.us/p/upside-analysis-talent-identification

Zhou, D. et al.(2025). Artificial intelligence in sport: A narrative review of applications, challenges and future trends. *Journal of Sports Sciences*. https://doi.org/10.1080/02640414.2025.2518694

Zuo, W. et al.(2024). Application of Artificial Intelligence in Team Sports Talent Identification: A Systematic Literature Review. *Proceedings of the 2024 International Conference on Sports Technology and Performance Analysis*, pp.429~433. https://doi.org/10.1145/3723936.3724003

09
AI 피트니스

AI 기술과 웨어러블 디바이스의 발전은 엘리트 스포츠와 일반인 피트니스 사이의 기술적 격차를 크게 줄이고 있다. 일반인도 심박 변이도 분석이나 수면 단계 추적 같은 과거 전문가 영역의 데이터를 일상적으로 사용하고 있다. 물론 데이터 해석의 정교함과 활용 목적에서는 여전히 차이가 존재하지만, 기본적인 측정과 분석 도구를 공유하게 된 것은 의미 있는 변화다.

AI와 기자?

AI 피트니스가 허무는 엘리트와 대중의 경계

엘리트와 대중의 경계는 점점 더 희미해지고 있다. 한때는 프로 선수만이 누릴 수 있던 맞춤형 훈련 프로그램과 첨단 분석 기술이 대중의 손목과 가정으로 들어왔다. 펠로톤의 개인화 워크아웃 플랜은 이미 60만 이상의 사용자가 활용하고 있고, 애플이 2025년 6월 WWDC에서 공개한 '워크아웃 버디'는 AI 기반 음성 코칭 기능으로 실시간 맞춤형 피드백을 제공한다.

겉으로 보기에는 단순히 소비자를 위한 편의 기능처럼 보이지만, 조금만 들여다보면 이야기가 달라진다. 전담 코치를 늘 곁에 둘 수 없는 엘리트 선수에게 이런 AI 코칭은 훈련 공백을 줄이고, 개인 맞춤형 지침을 제공하는 보조 코치 역할을 할 수 있기 때문이다. 선수 개인의 컨디션과 일정에 맞춰 끊임없이 피드백을 주는 이 디지털 코치는, 비용과 시간의 제약 속에서도 엘리트 훈련의 빈틈을 메워주는 존재로 주목받고 있다.

프로 무대에서 이런 변화를 확인하는 일도 어렵지 않다. 앞서 여러 차례 언급된 WHOOP는 원래 엘리트 선수들의 회복과 훈련 데이터를 정밀하게 관리하기 위해 설계되었다. 하지만 이후 피트니스 애호가와 일반 소비자 시장으로 빠르게 확산하면서, 이제는 반대로 프로 스포츠 무대에서 공식 파트너로 자리 잡는 상황이 벌어졌다. 골프 프로 리그인 PGA 투어는 WHOOP와 협력을 시작해 1000개 이상의 디바이스를 선수와 캐디에게 제공했고, 공식 파트너십을 체결했다. 본래 엘리트를 위해 태어났지만 대중에게 확산한 후 다시 프로 무대로 돌아온 WHOOP는 이제 프로 골퍼들의 핵심 장비 중 하나로 부상하고 있다. 엘리트를 위해 설계되었다가 대중에게 확산한 후 다시 엘리트 무대에서 표준화되는 이 과정은, 두 영역 사이의 경계가 좁혀지고 있는 변화를 보여준다.

흥미로운 점은 대중 역시 엘리트 못지않은 경기력 향상을 추구하고 있다는 것이다. 마라톤에서 기록 단축을 노리고, 크로스핏이나 트라이애슬론에서 체력 한계를 시험하는 생활 스포츠 참가자들은 이제 더 이상 건강만을 목표로 하지 않는다. 그들에게 운동은 도전이고, 데이터는 무기다. 이런 열망이 인공지능 기반 피트니스 시장을 강하게 자극하고 있다. 스트라바(Strava)는 단순한 기록 공유 플랫폼에서 출발했지만, 이제는 엘리트 선수 수준의 분석 리포트를 제공하며 사용자들의 욕구를 충족시킨다. WHOOP 밴드나 오라 링(Oura Ring) 같은 웨어러블 역시 수면 점수, 회복 지수, 피로도 같은 정밀 지표를 일반 사용자에게 그대로 제공한다. 얼마 전까지 엘리트 선수의 전유물이었던 데이터가 이제 누구나 사용할 수 있게 된 것이다.

더 주목할 점은 이런 기술이 단순 확산을 넘어, 대중의 데이터가 다시 엘리트 스포츠 발전에 이바지하고 있다는 사실이다. 수백만 명의 일반 사용자들이 생성하는 방대한 운동 데이터는 AI 알고리즘을 더욱 정교하게 만들고, 이렇게 개선된 기술은 다시 프로 선수들의 훈련에 활용된다. 펠로톤의 개인화 알고리즘이 수십만 명의 사용자 데이터로 학습되듯이, 대중의 참여가 엘리트 선수를 위한 기술 발전을 가속하는 구조가 형성되고 있다. 애플의 워크아웃 버디 역시 수많은 사용자의 운동 패턴과 반응을 학습하며 점점 더 정밀한 코칭을 제공할 수 있게 된다.

앞으로는 엘리트 선수를 위해 개발된 기술이 대중에게 확산되고, 대중이 쌓아 올린 방대한 데이터는 다시 선수들의 훈련과 연구에 더욱 적극적으로 활용될 것이다.

스포츠 과학의 대중화: AI와 웨어러블이 바꾸는 피트니스 생태계

과거 엘리트 스포츠와 일반인 피트니스 사이에는 뚜렷한 기술적 경계가 존재했다. 전문적인 생체 데이터 분석, 정밀한 체력 측정, 과학적 훈련 방법 등은 소수의 전문가와 엘리트 선수들만이 접근할 수 있는 영역이었다. 하지만 AI 기술과 웨어러블 디바이스의 발전이 기술적 격차를 급속히 줄이고 있다.

기술 접근성의 확산은 구체적인 수치로 확인할 수 있다. 최근 올림픽 참가 선수 중 91%가 웨어러블 기술을 훈련에 활용했고, 스트라바 같은 대중 플랫폼은 1억 3500만 명의 사용자와 13조 개 이상의 GPS 데이터 포인트를 보유하고 있다. 일반 소비자들이 사용하는 웨어러블 기기가 수집하는 데이터의 질과 정확도가 과거 전문 장비 수준에 근접하고 있다.

성능과 편의성도 눈에 띄게 발전했다. 머신러닝 기반 부상 예측 시스템의 정확도가 52~87%에 이르렀고 일반 기기를 통해 심박 변이도 분석도 가능해졌다. 대규모 데이터 생태계의 형성을 통해 기술 발전이 가속화하고 있다. 수억 명의 일반 사용자들이 축적하는 운동 데이터가 AI 알고리즘을 훈련하고, 개선된 알고리즘이 다시 더 정확한 분석 도구로 발전하는 선순환 구조가 만들어졌다. 2020년 도쿄올림픽에서 IOC가 웨어러블 기술로 선수들의 실시간 건강 상태를 모니터링한 사례는 소비자용 기술이 이미 최고 수준의 엘리트 스포츠 현장에서 실용적으로 활용되고 있음을 입증한다.

물론 데이터 해석의 전문성과 활용 목적에서는 여전히 차이가 존재한다. 엘리트 선수들은 전문가와 함께 데이터를 정교하게 분석해 경기력 향상에 직접 연결하는 반면, 일반인들은 주로 건강관리와 동기 부여에 집중한다. 하지만 같은 센서 기술과 알고리즘을 기반으로 한다는 점에서, 과거와는 비교할 수 없을 정도의 기술적 토대가 공유되고 있다.

웨어러블 피트니스 기술 시장이 2032년까지 369억 달러로 성장할 것으로 전망되는 것은 단순한 시장 확대가 아니라, 스포츠 과학의 패러다임 변화를 반영한다. 과거 소수 전문가 집단이 주도하던 혁신이 이제는 대중의 참여와 데이터 기여를 통해 더욱 빠르고 정교하게 발전하는 새로운 모델로 전환되고 있다. 전체 피트니스 생태계가 더 과학적이고 개인화된 방향으로 진화할 수 있는 토대가 마련되고 있다.

참고문헌

Apple(2025.6.9). Apple Intelligence gets even more powerful with new capabilities across Apple devices. Apple Newsroom. https://www.apple.com/newsroom/2025/06/apple-intelligence-gets-even-more-powerful-with-new-capabilities-across-apple-devices/

Globe Newswire(2025.8.5). Wearable Fitness Technology Market Size to Surpass USD 36.95 Billion by 2032. https://www.globenewswire.com/news-release/2025/08/05/3127487/0/en/Wearable-Fitness-Technology-Market-Size-to-Surpass-USD-36-95-Billion-by-2032-Owing-to-Rising-Demand-for-Personalized-Health-Monitoring-and-Eco-Friendly-Innovations-Report-by-SNS-In.html

James, C. et al.(2024). The integration of multi-sensor wearables in elite sport. *Sports Science Exchange, 37*. https://www.gssiweb.org/sports-science-exchange/article/the-integration-of-multi-sensor-wearables-in-elite-sport

Number Analytics(2025.3.27). 7 Surprising Stats on Wearable Tech in Sports Analytics 2023. https://www.numberanalytics.com/blog/7-surprising-stats-wearable-tech-sports-analytics-2023

PGA TOUR(2021.1.10). How WHOOP helps TOUR players perform their best. PGA TOUR News. https://www.pgatour.com/article/news/latest/2021/01/10/how-whoop-helps-players-perform-workout-health-personalized-fitness-justin-thomas

Strava Press(2024.12.4). Strava's global community includes more than 135 million users, generating billions of activity data points per year. https://press.strava.com/articles/strava-releases-annual-year-in-sport-trend

Strava Press(2025.2.19). Strava enhances subscriber experience with updates to key features. https://press.strava.com/articles/strava-enhances-subscriber-experience-with-updates-to-key-features

Wikipedia contributors(2025.2.15). WHOOP. Wikipedia. https://en.wikipedia.org/wiki/WHOOP

10

AI가 함께하는 스포츠의 미래

인공지능이 스포츠계에 가져온 변화는 양날의 칼이다. 훈련 최적화, 부상 예방, 정확한 판정 등 긍정적 효과와 함께 알고리즘 편향, 데이터 프라이버시 침해, 기술 격차로 인한 불평등 문제도 제기된다. 스포츠 본질인 공정한 경쟁과 인간적 가치를 유지하면서 기술 혜택을 누리려면 신중한 접근이 필요하다. 인공지능과 인간이 조화롭게 공존하는 스포츠 환경 구축을 위한 노력이 병행되어야 한다.

AI와 미래 의사?

코치와 인공지능의 협업

AI는 이제 단순한 분석 도구가 아니라 코치의 '전술 파트너'로 자리매김하고 있다. 과거에는 데이터 분석이 경기 전 참고 자료 수준이었다면, 지금은 경기 중 실시간으로 제공되는 AI 분석 자료가 코치의 판단에 직접 개입한다. 선수 교체 타이밍과 수정된 전략을 권고하고, 코치는 이를 수용하거나 거부하는 순간적인 결정을 내려야 한다. 여기서 중요한 것은 AI가 코치의 권한을 잠식하는 것이 아니라, 코치의 의사 결정 구조 자체를 바꿔놓고 있다는 사실이다.

이제 코치는 과학적 언어를 이해하고, 알고리즘의 논리를 비판적으로 해석할 줄 알아야 한다. 코치의 책상 위에는 수첩, 전술판과 함께 수천만 개의 데이터가 쏟아내는 AI 대시보드가 놓일 것이다.

여기서 발생하는 흥미로운 질문은 누가 최종 결정을 내리는가?다. 이런 딜레마는 단순히 기술적 문제를 넘어, 스포츠 조직의 구조와 책임 소재에 직결된다. AI가 제안한 결정을 따랐을 때 실패한다면 책임은 코치에게 있는가, 아니면 알고리즘에 있는가?

코치들의 태도에서도 차이가 나타난다. 어떤 코치는 AI를 훈련과 전략 수립에 적극적으로 활용하며 새로운 가능성을 탐색하는 반면, 어떤 코치는 여전히 경험과 직관을 더 신뢰할 수 있다. 그러나 점점 더 많은 팀이 데이터 분석가를 코치진에 포함하고 있으며, 결국 코치 개인의 성향과 무관하게 AI는 의사 결정 과정의 필수 요소로 자리 잡게 될 것이다.

하지만 선수와의 소통, 동기 부여, 멘탈 관리 등은 여전히 인공지능이 대체할 수 없는 인간의 영역이다. 따라서 데이터와 알고리즘을 해석할 수 있는 지적 역량, 그리고 이를 선수에게 전달할 수 있는 의사소통 능력이 새로운 코치의 핵심 자질이 되고 있다.

팬 경험

AI는 팬들의 스포츠 경험을 근본적으로 변화시키고 있다. 과거 팬들이 경기 중계 화면에 의존했다면, 이제는 개개인 맞춤형 콘텐츠와 실시간 상호작용 서비스가 새로운 표준으로 자리 잡고 있다.

가장 눈에 띄는 예로 메이저리그(MLB)와 구글 클라우드가 공동 개발한 My Daily Story가 있다. 이 서비스는 MLB 계정 사용자의 선호 팀과 선수 정보를 바탕으로 매일 맞춤 하이라이트 영상을 제공한다. 사용자가 앱이나 웹에서 좋아하는 팀과 선수를 설정하면, AI가 그간의 시

청 기록을 분석하여 관련 장면을 모아준다. 영국 프리미어리그(EPL)도 AI를 활용한 팬 서비스에 적극적이다. 마이크로소프트와 손잡고 프리미어리그 컴패니언이라는 AI 기반 앱을 개발했다. 이 애플리케이션은 30시즌 이상의 경기 통계와 수십만 건의 기사, 수천 개의 영상을 학습해 팬이 궁금한 내용을 자연어 질문 형태로 답해준다. 예를 들어, 특정 선수의 기록이나 과거 맞대결 분석을 물으면 AI 비서가 맞춤형 정보를 신속히 제공한다. 이를 통해 프리미어리그는 전 세계 다양한 팬들을 개별화된 방식으로 끌어들여 '평생 팬'으로 만들고자 한다.

AR/VR와 같은 확장 현실 기술 역시 새로운 팬 경험을 열고 있다. 미국 NFL은 경기장과 연계한 AR 콘텐츠 실험을 진행 중이다. 경기장 앱에서 AR 기능을 제공해, 이용자가 가상 선수 라커룸을 둘러보거나 전술도를 입체적으로 볼 수 있다.

한편, AI는 안전과 운영 개선 측면에서도 팬 경험을 높이고 있다. FIFA는 2025년 클럽 월드컵 대회에서 관중이 경기장에 입장할 때 AI 기반 보안 스캐너를 배치했다. 이 기술은 팬들이 소지품을 모두 꺼낼 필요 없이 AI가 소지품을 자동으로 탐지하여 검색 시간을 단축했다. 또한 같은 대회에서는 심판들이 착용한 보디캠 영상을 대형 전광판에 실시간 중계하여, 경기장에 모인 팬들이 판정 과정을 직접 확인할 수 있게 했다. 오프사이드 규칙에는 공 속 센서와 여러 대의 카메라, AI를 결합한 반자동 시스템을 도입해 명백한 상황에서 실시간 알람을 제공했다.

윤리 및 규제 이슈

스포츠 전반에 인공지능 기술이 빠르게 확산하면서, 우리는 이제 기술적 가능성과 함께 윤리적 책임에 대해 진지하게 고민해야 할 시점에 이르렀다. AI가 스포츠에 가져올 변화는 단순한 도구의 진화를 넘어, 스포츠의 본질과 가치에 대한 근본적인 질문을 던지고 있다. 과연 AI는 스포츠를 더 공정하고 흥미진진하게 만들 것인가, 아니면 스포츠 고유의 인간적 가치를 훼손할 것인가?

AI 기술이 스포츠에 개입하는 가장 큰 명분 중 하나는 공정성이다. 인간 심판의 실수와 편파성을 줄이고, 더 정확하고 일관된 판정을 통해 진정한 실력 경쟁을 가능하게 한다. 실제로 축구의 VAR나 반자동 오프사이드 판독 기술은 맨눈으로 놓치기 쉬운 미세한 상황들을 포착하여 판정의 정확도를 크게 높였다. 이러한 성과는 AI가 인간의 한계를 보완하여 공정성을 향상할 수 있다는 가능성을 보여준다.

그러나 이러한 기대와 현실 사이에는 중요한 틈이 존재한다. 근본적인 문제는 AI가 학습하는 과거 데이터 자체에 편향이 내재해 있다는 점이다. 만약 과거 수십 년간의 선수 선발, 심판 판정, 전략 수립 기록에 성별 · 인종 · 사회적 배경에 따른 차별이 담겨 있다면, AI는 이러한 편견을 '객관적 패턴'으로 학습하여 그대로 재생산할 위험이 있다. 더 심각한 것은 AI의 판단이 '과학적'이고 '객관적'이라는 권위를 갖기 때문에, 그 안에 숨은 편견이 더욱 은밀하고 강력하게 작동할 수 있다는 점이다. 인간 심판의 편파 판정은 비판받고 교정될 수 있지만, 알고리즘의 편향은 '데이터가 증명하는 사실'로 포장되어 도전받기 어려울 수 있다.

또 다른 공정성 문제는 기술 접근의 불평등이다. AI 기술은 자본과 전문 인력을 요구하기 때문에, 이미 부유한 팀과 가난한 팀 사이의 격차를 더 벌릴 가능성이 크다. 이는 스포츠가 추구하는 기회의 평등과 정면으로 충돌하는 지점이다. 공정한 경쟁의 전제는 모든 참가자가 비슷한 조건에서 실력을 겨룰 수 있어야 한다는 것인데, AI가 새로운 형태의 '장비 도핑'이 된다면 스포츠의 본질적 가치가 훼손될 수 있다.

공정성 문제와 맞물려 있는 것이 프라이버시와 자율

성의 쟁점이다. 현대 스포츠에서 선수의 몸은 데이터 생산 공장이 되었다. 심박수, 체온, 근육 피로도, 이동 경로 등 모든 생체 정보가 실시간으로 수집되고 분석된다. 이러한 데이터화는 선수의 경기력 향상과 건강관리에 분명 도움이 되지만, 동시에 선수를 하나의 '분석 대상'으로 객체화하는 위험을 내포한다. 가장 핵심적인 윤리 문제는 선수의 동의와 통제권이다. 선수가 자신의 생체 정보가 언제, 어떻게, 누구에 의해 수집되고 활용되는지 충분히 알고 동의했는가? 그리고 원하지 않을 때 거부하거나 삭제를 요구할 권리가 보장되는가?

현실에서 선수는 데이터 수집을 거부하기 어려운 구조적 압박을 받는다. 계약상 의무이거나 팀 내 경쟁에서 뒤처질 우려 때문에 사실상 강제적 동의가 이루어질 가능성이 크다. 더 우려스러운 것은 수집된 데이터의 2차 활용이다. 선수의 건강 상태나 경기력 데이터가 계약 협상, 이적 결정 등에 불리하게 사용될 수 있으며, 이는 선수의 경제적 이익과 직결된다. 또한 민감한 의료 정보가 언론에 유출되거나 다른 목적으로 악용될 경우 선수 개인의 존엄성이 심각하게 침해될 수 있다.

팬들의 프라이버시 문제도 간과할 수 없다. 스마트 경기장의 안면 인식 시스템, 소셜 미디어 감정 분석, 소비 패턴 추적 등이 일상화되면서 팬들도 모르는 사이에 광범위한 감시와 분석의 대상이 되고 있다. 문제는 이러한 데이터 수집이 대부분 팬의 명시적 동의 없이 이루어지고 있으며, 수집된 정보가 어떻게 활용되는지에 대한 투명성도 부족하다는 점이다.

AI 기술이 스포츠에 던지는 가장 근본적인 윤리적 질문은 스포츠란 무엇인가?다. 지나친 기계화, 완벽화는 오히려 스포츠의 매력을 앗아갈 수 있다. 모든 판정이 AI에 의해 완벽하게 이루어진다면 심판에 대한 항의나 논란은 사라질 것이다. 하지만 그와 함께 스포츠 특유의 드라마와 감정적 몰입도 줄어들 수 있다.

또한 AI 분석이 모든 전략과 전술을 최적화한다면, 경기는 점점 예측할 수 있고 획일적으로 될 위험이 있다. 데이터가 증명하는 '최선의 방법'만 남고 창의성과 모험은 사라진다면, 인간의 무한한 가능성과 예측 불가능성을 보여주는 스포츠의 특성을 퇴색시킬 우려가 있다. AI는 인간을 대체하는 것이 아니라 보완하는 역할에 머물러야 하며, 최종적인 판단과 책임은 여전히 인간이 져야 한다.

포용성과 접근성의 원칙 또한 중요하다. AI 기술의 혜택이 일부 엘리트 팀이나 선진국에만 집중되어서는 안

된다. 기술 격차로 인한 불평등을 해소하고, 모든 참가자가 공정한 조건에서 경쟁할 수 있도록 하는 정책적 노력이 필요하다. 단순한 기술 지원을 넘어, AI 시대에도 스포츠의 보편적 가치가 유지될 수 있도록 하는 적극적 조치를 의미한다. 실제로 FIFA는 첨단 기술을 도입하면서도 모든 회원국이 이를 활용할 수 있도록 기술 교육과 지원 프로그램을 병행하고 있다. 이는 기술 발전이 축구의 글로벌 형평성을 해치지 않도록 하려는 노력의 일환이다.

무엇보다 중요한 것은 인간 중심성의 유지다. AI는 인간의 능력을 보완하는 도구로 활용되어야 하며, 인간을 대체하거나 인간의 판단력을 무력화해서는 안 된다. 최종적인 결정권과 책임은 항상 인간에게 있어야 한다. 이는 단순히 기술적 안전장치의 문제가 아니라, 스포츠의 정체성과 가치를 지키기 위한 철학적 선택이다.

이러한 원칙들을 실현하기 위해서는 구체적인 실천 과제들이 뒤따라야 한다. 먼저 국제적인 스포츠 AI 윤리 헌장의 제정이 필요하다. 이는 올림픽 헌장처럼 스포츠계 전체가 공유할 수 있는 윤리적 기준을 제시하고, 각 스포츠 조직이 구체적인 정책을 수립하는 근거가 될 것이다. 필요한 경우 독립적인 AI 감독 기구의 설립을 통해 기술의 안전성과 공정성을 지속적으로 모니터링하고, 문제 발생 시 신속하게 대응할 수 있는 체계를 구축해야 한다. AI 시스템이 제대로 작동하는지, 편향 없는 판단을 내리는지, 그리고 그 결과를 인간이 이해할 수 있는 방식으로 설명하는지 감시되어야 한다.

AI 기술의 스포츠 확산은 거스를 수 없는 흐름이다. 그러나 이 기술을 어떻게 받아들이고 활용하느냐에 따라 스포츠가 나아가는 방향은 달라질 것이다. AI가 스포츠의 공정성과 흥미를 높이는 긍정적 도구가 될 수도 있고, 인간성과 스포츠 정신을 훼손하는 부정적 요인이 될 수도 있다. 핵심은 기술 중심이 아닌 인간 중심의 접근이다. AI는 인간의 능력을 확장하고 보완하는 역할에 머물러야 하며, 스포츠의 본질적 가치인 공정성, 존중, 연대를 훼손해서는 안 된다.

인간은 스포츠라는 무대의 영원한 주인공으로서, AI와 함께 새로운 시대를 열어가게 될 것이다. 공정성, 투명성, 프라이버시, 책임이라는 윤리적 원칙에 따라 비판적 협력의 자세로 스포츠 AI를 활용할 때, 비로소 기술과 인간성이 조화로운 발전을 이룰 수 있다.

새로운 스포츠 시대를 향해

AI 기술의 부상은 향후 스포츠 산업에 근본적인 패러다임 전환을 불러올 것으로 전망된다. 데이터 중심 문화가 스포츠계에 정착하면서 선수 발굴에서부터 경기 후 해설에 이르기까지 과학적 분석과 자동화된 의사 결정이 큰 비중을 차지하게 되었다. 과거에는 선수 영입을 위해 경험 많은 스카우터의 안목에 의존했지만, 이제는 AI가 전 세계 리그 영상을 스캔해 숨은 인재를 찾아내는 자동 스카우팅이 가능해지고 있다. AI가 선수 시장의 세계화와 효율화를 가속하고 있으며, 선수는 더 많은 기회를 얻고 구단은 숨은 보석을 발굴할 확률이 높아지고 있다.

스포츠 미디어와 저널리즘 분야도 변화가 예상된다. AI가 경기 요약 기사나 하이라이트 영상을 자동 생성하면서 기존 스포츠 기자와 해설자의 역할 변화가 불가피해졌다. 일부 매체에서는 이미 AI가 작성한 경기 요약 기사가 실험되고 있으며, 일반적 경기 결과 전달은 AI가, 기자는 심층 분석과 스토리텔링에 집중하는 식으로 역할이 재편될 수 있다.

이러한 변화 속에서 일자리 구조도 바뀔 수 있다. 스포츠 데이터 분석가, AI 전략가, 스포츠 테크놀로지 전문가 등 새롭고 전문화된 디지털 직무 수요는 늘어나겠지만, 단순 기록원이나 영상 편집자 등의 전통 직무는 자동화 영향으로 축소될 가능성이 있다. 따라서 스포츠 산업 종사자는 AI와 공존하는 역량을 갖추기 위해 데이터 과학 이해와 기술 활용 능력을 키워야 할 것이다.

AI 중심 패러다임 전환을 성공적으로 이끌기 위해서는 학제간 협업이 필수적이다. 스포츠 분야는 전통적으로 운동생리학, 역학, 코칭, 심리학 등 다양한 학문이 어우러지는 영역인데, 여기에 컴퓨터 과학과 데이터 공학이 본격적으로 융합되어야 하는 상황이다. 스포츠 과학자와 AI 엔지니어, 데이터 분석가와 현장 코치 간의 원활한 협력이 이루어져야 최적의 결과를 얻을 수 있다.

지금 우리는 스포츠와 AI가 함께 나아갈 미래를 구체화하는 중요한 시기를 맞이하고 있다. AI는 훈련의 효율화, 경기 전략의 고도화, 부상 예방, 팬 경험의 극대화 등 여러 방면에서 스포츠에 혁신을 가져다 줄 것이다. 동시에 우리는 윤리와 규범, 인간다움의 가치를 잃지 않고 기술을 수용해야 하는 도전에 직면한다. 다학제 협업과 지혜로운 규제를 통해 AI를 잘 활용한다면, 스포츠는 더 공정하고, 안전하며, 흥미진진한 미래로 갈 것임이 분명하다.

참고문헌

An, R.(2025). Artificial intelligence in health and sport sciences: Promise, progress, and prudence. *Journal of sport and health science, 14*, 101054. https://pmc.ncbi.nlm.nih.gov/articles/PMC12221458/

Evolv Technologies(2025.7.8). Evolv Helps FIFA Club World Cup 2025™ Continue to Enhance the Fan Experience. https://evolv.com/resources/press-releases/evolv-fifa-club-world-cup-2025

Google Cloud(2025.5.16). Tuning in with AI: How MLB My Daily Story creates truly personalized highlight videos. Google Cloud Blog. https://cloud.google.com/transform/my-daily-story-mlb-personalized-ai-highlights-app

Inside FIFA(2025.6.7). Landmark innovations at FIFA Club World Cup to enhance fan experience, transparency and operations. https://inside.fifa.com/news/landmark-innovations-club-world-cup-enhance-fan-experience-transparency-operation

International Olympic Committee(2024.4.19). IOC takes the lead for the Olympic Movement and launches Olympic AI Agenda. https://olympics.com/ioc/news/ioc-takes-the-lead-for-the-olympic-movement-and-launches-olympic-ai-agenda

Kim, J. H. et al.(2025). Ethical implications of artificial intelligence in sport: A systematic scoping review. *Journal of Sport and Health Science, 14*.

https://pmc.ncbi.nlm.nih.gov/articles/PMC12226371/

Kusan, M. & Arin, A.(2025). Ethical and Security Issues: The Impact of Artificial Intelligence in Sports Management. *Acta Scientiae Et Intellectus, 10*(2), https://actaint.com/index.php/pub/article/view/275

Microsoft Source(2025.7.1). Premier League and Microsoft join forces to create fan-friendly digital platforms. https://news.microsoft.com/source/emea/features/premier-league-microsoft-partnership/

Reuters(2025.7.2). Premier League forms five-year AI partnership with Microsoft. https://www.reuters.com/sports/soccer/premier-league-forms-five-year-ai-partnership-with-microsoft-2025-07-01

Sports Business Journal(2025.5.15). MLB, Google Cloud launch personalized videos. https://www.sportsbusinessjournal.com/Articles/2025/05/15/mlb-google-cloud-launch-personalized-videos

김상훈

오산대학교 건강재활과 교수다. 용인대학교 특수체육학과를 졸업하고, 한국체육대학교에서 스포츠의학 전공으로 박사학위를 받았다. 대한장애인체육회 경기력향상분과 위원장, 대한선수트레이너협회 사무총장, 대한특수체육학회 부회장, 대한육상연맹 의무위원으로 활동하고 있다. 이전에는 대한스포츠의학회 스포츠과학위원장, 한국체육학회 이사, 대한장애인체육회 스포츠의과학팀장으로 활동했다. 주요 연구 분야는 경기력 향상, 선수 트레이닝, 스포츠 재활이며 인공지능을 접목한 스포츠 과학 연구에 관심을 두고 있다. 최근 〈ChatGPT는 건강운동관리사 이론시험에 합격할 수 있을까?〉(2025) 등 스포츠 의과학과 관련한 다수의 논문을 국내외 학술지에 게재했으며, 저서로 《스포츠의과학 전공용어》(2023), 여러 편의 《스포츠의학》 교과서를 집필하고 번역했으며 근거기반 스포츠의과학 매거진 《계간 선수》를 창간하여 스포츠 현장에서 필드와 학문의 간극을 매우고 연결하는 역할을 하고 있다.